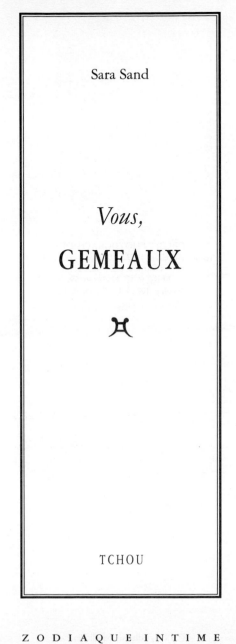

Sara Sand

Vous,
GEMEAUX

TCHOU

ZODIAQUE INTIME

CRÉDIT PHOTOGRAPHIQUE
Agence Angeli, p. 18, 22, 28, 31, 33, 34, 38, 41, 56.
Charmet, p. 27, 42, 52.
Musy, p. 17, 37, 39, 46, 59.
Sand, p. 10, 13, 14, 20, 45, 60, 63.

Sommaire

Seconde partie

**Comment déterminer et interpréter
la dominante de votre ciel de naissance**

Avertissement

Vous, Gémeaux

Vous l'insatiable, le télé-communicatif, le ludique, le multiple de deux, ouvrez ce livre.

Ensuite, empressez-vous, pour connaître votre ascendant et la position des planètes le jour de votre naissance, de taper le 3615 code GALA sur votre Minitel ou d'appeler le serveur vocal de Sara Sand à GALA : 08.36.68.01.15.

Et amusez-vous. Vos congénères examinés au laser de la science astrologique devraient ne plus avoir de secrets pour vous : le chapitre « Comment déterminer les grands axes de votre destinée, en recherchant votre dominante astrale » vous révèle des continents inexplorés dans l'âme et le cœur de vos proches ; de ceux qui vous intéressent, vous captivent, vous retiennent et vous allument, tout au moins. Inscrivez vos coordonnées de naissance page 169 ; ce livre sera désormais vôtre.

Non seulement votre perspicacité, votre compréhension de leurs goûts, de leurs faiblesses, de leurs désirs, vous récompensera de tous vos efforts, mais aussi elles vous aideront sans doute à vous échapper, à tirer votre épingle du jeu en bien des situations…

Alors… à vos écrans et… à vos amours !

Première partie

Dante Alighieri

Introduction
au signe des Gémeaux

Vous êtes né entre le 20 mai et le 22 juin, au moment où le Soleil transitait le signe des Gémeaux. Le 21 mai, le printemps atteint son apogée. Les fleurs et les oiseaux chatoient, les papillons constellent de leurs ailes diaprées les champs monochromes. Cette allégresse de la nature influe certainement sur votre psychisme. Analysons ce que la tradition dit d'eux. Les Gémeaux sont réputés légers, multiples, agiles et habiles dans toute combinaison, mentale ou pratique. Ils ont pour maître Mercure, le dieu ailé. Leur élément est l'air. Ils sont dits masculins et mutables. Ils suivent le Bélier, signe de forces primitives, d'action pure, et le Taureau, réceptif, « féminin », soumis à ses sens et à ses fonctions biologiques. Les Gémeaux succèdent à ces deux opposés. Ils s'élèvent, se dégagent de la matière, comme en témoignent ces deux silhouettes enlacées. Ils sont doubles, comme l'âme et l'esprit, comme l'*anima* et l'*animus*, ils réconcilient le yin et le yang bouddhiste. L'intelligence est la fonction privilégiée de ce signe.

Mythologie des Gémeaux

L'origine du symbole duel représenté par ces jumeaux est commune à la plupart des civilisations, les plus primitives comprises. En Europe et en Asie, les Ashvins ont été les précurseurs des Gémeaux. C'étaient des dieux jumeaux qui représentaient l'un le ciel et le jour, l'autre la terre et la nuit. Ils étaient réputés guérisseurs et pouvaient rendre la jeunesse. Le même couple se retrouve dans la Grèce antique : Pollux avait été conçu par Jupiter, il était donc d'essence divine. Quant à Castor, fils du roi Tyndare, il était simple humain. Il ne pouvait résister aux tentations si son frère Pollux (le divin) ne l'y aidait. Occupé par la satisfaction instinctive de ses sens, il se montrait irresponsable, incapable de prévoir les conséquences de ses actes. La fin de Castor est pleine d'enseignement. Les deux frères avaient enlevé à deux rivaux leur fiancée. Une rixe s'ensuivit, au cours de laquelle Castor, trop pressé de se battre et de gagner, fut occis. En revanche, Pollux s'en tira, grâce à l'intervention de Jupiter, son père (Jupiter signifie dans cette légende l'élection divine). Morale de l'histoire : en étant comme Castor trop fougueux et avide, en se précipitant tête baissée dans la bataille, on risque fort de perdre la vie. Tandis qu'en se montrant, à l'image de Pollux, moins soumis à ses pulsions aveugles, l'on reçoit l'inspiration et l'aide providentielle du Créateur céleste.

Symbolique des Gémeaux

La Genèse nous annonce que Dieu, après avoir modelé l'homme, a soufflé dans ses narines un souffle de vie et l'homme est devenu un être vivant. Ce souffle est à la base de la fertilité de nombreuses plantes : ne transporte-t-il pas la graine de la fleur à la terre propice ? C'est aussi grâce à lui que les instruments à vent nous donnent leur son mélodieux, et que la parole, le fameux Verbe par lequel commence l'Evangile de Jean, a pu être émise et entendue. La voix : elle est le signe de l'évolution, puisque l'homme est le seul animal doué de parole. L'air donne, par définition, un caractère aérien. Disponibles, mobiles, touche-à-tout, les Gémeaux sont aussi doués pour la danse, la voltige, l'acrobatie, le pilotage d'avions, le trapèze. Ils réunissent en eux les qualités dites féminines de souplesse, d'adaptation, de perméabilité à la suggestion (qui confine à l'indécision, selon certains astrologues) et celles d'intelligence, de raisonnement, de réflexion et de réaction (sinon d'action) attribuées au tempérament masculin. Intellectuellement androgynes, ils peuvent opter pour une idée et son contraire, sans en éprouver de gêne. C'est parce qu'en eux cohabite le Tout, le principe mâle et le principe femelle, que les Gémeaux sont des gens de doute. Ils voient trop l'aspect positif et l'aspect négatif d'une situation, d'un être, d'un acte, pour éprouver longtemps un désir. Nerveux, flottants, subtils, indécis, ils ne perçoivent que trop bien l'équivalence de toute action. S'ils ont des convictions, elles sont momentanées, les circonstances leur enseignant que chaque chose porte en elle sa contradiction.

Pierre Corneille

Saint-John Perse

Portrait
de l'homme Gémeaux

L'homme Gémeaux est un feu d'artifice, une performance d'humour et de finesse, un exploit de grâce enjouée, une étoile filante, un surdoué de la communication. Le seul ennui, c'est que, à force d'être pétri de dons, il s'accoutume à ne faire aucun effort. Il se contente de donner de cette lumière magique, de cette chaleur dansante, de cet éclat chatoyant qui dore ce qui l'entoure : en sa présence, on se sent devenir beau, intelligent, efficace et capable des plus grands actes d'héroïsme. Hélas, il s'éclipse ; au détour d'une phrase, d'un geste plein d'émotion, d'une fervente promesse. Et l'on se surprend à chercher ce que l'on a pu dire ou faire pour provoquer sa disparition. Que l'on se rassure : on n'est nullement responsable de son échappée. Il est vibrionnant et léger. Par essence. Comme un oiseau. Gai, volontiers imprévisible, brillant, fragile.

Et froid, parfois. Pourquoi ? Pourquoi apparaît-il comme quelqu'un de versatile, dans ses affections, dans ses humeurs comme dans ses toquades ? Il semble qu'il plaise trop, trop vite, à trop de personnes. Aussi ne peut-il faire face à tous les engouements qu'il suscite ; il n'a jamais eu le temps d'embrasser toutes les données d'un individu, d'une circonstance ou d'une condition. Lorsqu'il découvre l'ensemble de la situation et les réponses qu'elle implique, il est saisi d'effroi. Son jugement se remet en branle ; il fuit. Ces esquives traduisent plutôt son propre désarroi : comment ne pas faire de peine ? Le temps, « ce cormoran qui dévore tout », comme le disait Shakespeare, estompera les choses, espère-t-il...

Sans doute le Mercure auquel il est symboliquement attaché a-t-il influé sur son psychisme. Observez la façon dont ces petites boules de métal argenté vous échappent. Il est avide de découvertes, de connaissances ou plutôt, d'informations. Il capte, à la vitesse de l'éclair, le renseignement important dans un message, il synthétise, en une fraction de seconde, l'idée-force d'un livre, la grâce d'un discours, l'intérêt d'une personne ou d'un enseignement. De l'intelligence, il a la rapidité, la verve, l'adaptabilité, la pertinence et... l'impertinence ! Mais les sentiments l'effraient. Autant il gère avec maestria les concepts, les idées, les jeux du cerveau, autant il se montre remarquable parleur, transmetteur, répondeur : la magie du verbe existe réellement, il l'a inventée. Autant il peut apparaître comme un être maladroit dès qu'il est question d'exprimer des émotions, de répondre par un geste de tendresse, une caresse, un baiser.

Que l'on ne s'y trompe pas : son objectivité souriante et complice ne l'empêche pas d'être un redoutable dénonciateur, d'être coupable de trahisons. Les plus graves étant probablement celles qu'il se fait à lui-même. Il reprend facilement sa parole, se renie sans cynisme, comme il sait reconnaître ses torts. S'il peut se compromettre, par lâcheté intellectuelle ou morale, pour un bon mot, pour un instant de succès dans le commerce avec ses semblables, s'il peut oublier ses objectifs parce qu'il est conquis ou parce qu'il veut plaire (une semaine, quelques mois ou trois ans, à quelqu'un que, par la suite, il rayera de son existence), ne perdez jamais de vue que sa raison triomphera toujours de ses sens et qu'il suffit d'attendre, en faisant le dos rond, pour lui voir retrouver ses... esprits ; il n'a simplement pas les mêmes notions que le commun des mortels de la gravité des choses, de l'importance d'un engagement, de la fidélité à des choix. La fidélité – en amour, en amitié, en politique, en accomplissement professionnel ou en art – passe par une certaine densité dans les convictions qui nous animent. Le Gémeaux n'est pas un homme de convictions. Il est le siège de paradoxes infinis : toute vérité peut être transformée en son contraire et devenir également vraie. C'est la raison pour laquelle il est plus à l'aise dans un rôle de relations dites publiques, d'animateur, de médiateur que de participant direct à un projet de longue haleine, à un amour ou à une réalisation matérielle. C'est un ludique, détaché des contingences matérielles, uniquement passionné par l'évolution intellectuelle du genre humain.

René Char

L'homme Gémeaux en amour

On a beaucoup dit qu'il aimait le flirt plus que l'amour, qu'il était un étincelant amant pour une femme éprise d'un autre homme. Il peut aussi spiritualiser ses émotions, les sublimer, auquel cas il les imprègne d'une subtile délicatesse.

Le Gémeaux Pollux n'est pas un grand gourmand. Il est cérébral, dans ses appétits comme dans ses sentiments. Il peut aimer l'esprit d'une femme en oubliant qu'elle est plus âgée que lui, décharnée, malade. Du moment qu'elle est spirituelle, il la trouve attirante. Il sait vous courtiser avec insistance, drôlerie, et assez d'anxiété pour vous donner le sentiment qu'il est vraiment amoureux de vous. Il sait vous distraire d'un gros chagrin, instaurer avec brio un badinage virtuose, au bord de l'émotion, vous faire exulter et, dans la joie du moment, vous oubliez qu'il est très loin, en vérité, du personnage qu'il joue. Non pas inconstant, comme le croient nombre de ses semblables : distant.

Johnny Halliday

18

L'autre Gémeaux, Castor, vibre dans l'excitation impalpable des rapprochements sans lendemain. Mi-Don Juan, mi-Charlot, il cherche un assouvissement sensuel comme on gagne un pari. Prince charmant de comédie, il fuit les situations de crise ou de conflit. Foin de drames... Il apprécie le jeu. En amour (si l'on peut ainsi qualifier ses migrations de désirs changeants, contradictoires) comme dans le reste. S'il n'a pas le sens de la possession, si ses partenaires sexuels peuvent être aussi nombreux que ceux du tennis, il n'est pas non plus jaloux. Il ne réclame aucune priorité dans les sentiments qu'il inspire. Vous le désobligeriez et le mettriez mal à l'aise en lui accordant une préférence. Il a besoin de variété, de conquête, de surprises et de liberté dans la poursuite de ses chimères. Il tient à son indépendance par-dessus tout. Et se montre assez désagréable si on cherche à l'entraver : ses volte-face peuvent être cinglantes. Lorsqu'il se marie, c'est en général pour accéder à un titre de gloire – comme le prince Philip d'Angleterre – ou obtenir la richesse s'il ne l'a pas. Moins souvent, pour accéder à la notoriété. (Qu'il ne recherche pas avec le même zèle qu'il met à tenter de le faire croire : elle inflige tant de contraintes, et d'obligations. Johnny Halliday illustre ce Gémeaux à la perfection.) Ou parce qu'il convoite les trois objectifs de concert. Autant dire que, s'il convole, c'est pour le bon motif. Ne comptez pas le voir tous les jours, sous prétexte que vous l'avez épousé. C'est un nomade, qui a choisi une roulotte de gitan (de luxe) pour abriter ses fantaisies de voyageur. Bonnes fortunes imprévues, petits ébats furtifs entre deux escales ou veillées interminables à jouer aux cartes : pour lui la vie serait tellement plus belle si l'on pouvait naître en ayant cent quarante vies et en acquérir peu à peu deux mille. Il est bon père, pourtant. Ce joueur inconstant s'avère tenace dans ses affections paternelles ; mais il préférerait toujours oublier que vous êtes la mère de ses enfants. Peut-être parce que sa nature androgyne lui fait obscurément désirer être le créateur unique de sa progéniture. S'il arrive à instaurer un semblant d'ordre ou de discipline, il ne consent pas à gronder, faire acte d'autorité et se faire obéir. Il est lui-même tellement détaché de ces notions surannées, contraignantes. Mais il sait distraire ses enfants, dès qu'ils ont l'âge d'être ses copains, avec intelligence, charme et brio. Il faut prendre ce qu'il offre de bon et drôle, son humour et ses flèches piquantes, mais ne pas le prier d'aller chercher les enfants à l'école ou d'assister à une réunion de parents d'élèves. Si l'on ne s'attend à rien d'autre que ce qu'il peut donner, il devient un merveilleux compagnon. Certes, il y a des exceptions. Par exemple, il n'est rien de plus amical et complice qu'un Gémeaux « rompu » : il est capable de vous refaire le coup de la panne, et de retomber amoureux (pris à son propre piège !) uniquement parce qu'il ne se sent plus obligé d'être votre compagnon. Ou il reste votre plus tendre admirateur – Pollux. Ou il s'efface avec un sens profond de la justice. En principe peu rancunier, il ne vous en veut pas si vous partez à votre tour, en lui laissant sur les bras factures impayées, progéniture et congélateur vide. Il vaut mieux, en revanche, lui abandonner votre abonnement au câble, votre magnétoscope et la moto.

Louis-Ferdinand Céline

L'homme Gémeaux au travail

Le Gémeaux Castor est toujours à la recherche de ce qu'il n'a pas : un toit de chaume quand il baigne dans le velours et la soie, une île déserte quand il a gagné son empire de presse, un voyage d'affaires (ou canaille) aux Bahamas, quand il s'est acheté une conduite. Toute plaisanterie mise à part, il est le plus remarquable négociateur de toute la gent zodiacale. Génie du commerce, il parvient à vendre n'importe quoi à ses contemporains et ce, sans se donner de mal. C'est un chat, imprévisible, rapide, joueur, parfois alangui, parfois bondissant sur ses proies...

Il est tourné vers le profit, la réalisation pratique, il aime le faste, la mode, les mondanités, faire partie d'un certain milieu et être reconnu comme un des leurs par les nantis.

Viscéralement attaché aux valeurs de la communication, de l'échange, de la concertation, du dialogue, du commerce avec ses semblables, le Gémeaux Pollux, lui, aime la paix. Il peut être poète, religieux, contemplatif, marin, artiste, oiseleur ou enseignant. Il s'entend bien avec son prochain. Il sait mettre en relation les gens entre eux. Il aime créer des relations nouvelles, être l'instigateur de nouvelles amitiés, de nouvelles amours, de nouvelles idées. Il virevolte d'un groupe à l'autre, d'un séminaire à l'autre, d'une fraternité à l'autre. S'il choisit en général des métiers de communication, où sa verve, son bagou et son entregent s'exercent à bâtons rompus – il s'épanouit et prospère. Mais il se montre parfois négligent, et n'a pas toujours la persévérance, la volonté, l'obstination d'un Verseau ou d'une Vierge (eux aussi très communicants) pour atteindre leurs objectifs. Au demeurant, il n'y tient pas. Il est trop farouchement indépendant. Ingouvernable. On l'engage rarement dans des projets à long terme, des perspectives de grande envergure ni dans quoi que ce soit qui implique la durée : il vit trop dans l'immédiat, la sollicitation de l'ici et maintenant, pour tenir parole. Il fuit tout ce qu'il peut y avoir de grave ou d'important, avec une intuition qui relève du génie. En outre, il a souvent plus œuvré pour un patron ou un collaborateur, sans y chercher son propre intérêt, que pour se prouver quelque chose à lui-même. Il a tant d'humour, se moque autant de lui que de ses contemporains : irrésistible. Le tout est de connaître la valeur de ses paroles, de ses promesses, de ses engagements, de prendre des billets à des dates modifiables et de ne pas lui demander de garder votre chien. Il vous convainc qu'il a raison d'être toujours disponible pour celui qui en a besoin, d'être toujours prêt pour ceux qui l'appellent. Les professions libérales lui conviennent mieux que les autres. Il s'y montre particulièrement séduisant, enjôleur et peut y réussir brillamment. Mais il est difficile à caser dans une entreprise classique. Sauf si un ascendant, une lune ou une dominante viennent contrarier, dans le thème astral du natif, ces dispositions primesautières.

Jacques-Yves Cousteau

L'homme Gémeaux et sa santé

C'est un grand nerveux. Volubile, rapide, il privilégie l'action par la parole, la communication, le téléphone ou l'écrit, plutôt que les actes, à proprement parler. D'où une grande fatigabilité, du fait qu'il épuise son système cérébral plutôt que sa force musculaire. Ses points fragiles sont les poumons (signe d'air) puis le système nerveux, (migraines, spasmes, maux de cœur, etc.) ; enfin, il est sujet à des maux de gorge, des crampes, des spasmes intestinaux, toutes sortes de malaises liés à sa communication plus ou moins défectueuse, car il peut être d'un naturel anxieux malgré ses apparences faussement enjouées. Le fait de n'avoir pas exprimé ce qu'il devait ou voulait exprimer peut le rendre malade. Bien qu'il ne soit pas un grand adepte de la médecine préventive, ni d'une alimentation équilibrée, il vit généralement vieux, sans être d'une santé éclatante, car il ne peut commettre d'excès, bien qu'il en ait un vif désir. Son organisme se rebiffe aussitôt avec vives représailles. Il a intérêt à se soigner à l'aide de médecines douces, à éviter résolument le tabac et les atmosphères enfumées ou nauséabondes auxquels ses poumons sont extrêmement allergiques, ainsi que les excitants, surtout l'alcool et le café. L'idéal serait qu'il pratique une discipline relaxante comme le yoga, la nage ou la danse. Mais s'il est disposé à faire du vélo, du footing ou de la marche tous les jours, il se met déjà à l'abri de beaucoup d'ennuis. Il doit aussi s'astreindre à boire au moins huit verres d'eau minérale par jour pour éliminer les toxines dues au stress, chez lui plus intense que chez d'autres qui ne l'intériorisent pas.

Ce qu'il faut faire
pour séduire et garder un homme Gémeaux

- Jouer avec lui ; apprendre le plus grand nombre de jeux et de sports pour être le plus souvent possible sa partenaire : tennis, bridge, golf, ski, échecs, ballon dirigeable, fun-board, tout ce qu'il aime, de préférence.

- L'insécuriser. Parfois ne pas rentrer à l'heure annoncée ou ne pas lui révéler toutes vos activités – même si elles sont innocentes.

- Garder, dans la mesure du possible, une activité professionnelle indépendante de la sienne, même si vous avez des goûts similaires et envie de vous associer à une œuvre commune.

-Vous habiller avec élégance, sinon à la dernière mode, avec des accessoires qui sortent de l'ordinaire : chapeaux, face-à-main, gants de dentelle, fume-cigarette, chaîne à la cheville.

- Montrer vos jambes. Si elles ne sont pas parfaites, tant pis, utiliser les grands moyens pour les modifier. Si elles demeurent imparfaites, montrez-les quand même. Il aime les femmes bien dans leur peau, un brin androgynes.

- Ne pas le laisser s'endormir sur ses travers : il préfère les femmes exigeantes, qui l'obligent à se remettre en question.

- L'imiter en train de zapper, affalé devant son cube d'images comme un mollusque ; remarquer sa mèche grasse, son bedon naissant, ses cernes.

- Tourner en ridicule ses frasques et infidélités au lieu de les dramatiser.

- Vous livrer à un sport risqué (parachutisme, Delta-plane, ski, plongée sous-marine ou à la rigueur, équitation, marathons, motocross).

- Vous créer un réseau d'amis qu'il ne connaît pas, des loisirs et des activités auxquels il ne prenne pas part.

- Avoir une filière de traiteurs exotiques qui vous livrent sur-le-champ une variété infinie de mets étrangers.

- Bannir de votre vocabulaire les reproches, remontrances et autres critiques : ils n'ont d'autre effet que de vous faire paraître exécrable.

Le petit garçon Gémeaux

Sa spécialité : désirer une auto neuve, dès qu'il a eu un cerf-volant ; et un poisson exotique lorsqu'il a obtenu un perroquet. Et il éclate de rire l'instant d'après. Puis il réclame un flipper grandeur nature, aussitôt qu'il a eu son auto. Plus tard, il promet de décrocher une étoile à cinq branches quand il veut que l'on aille en vacances aux Seychelles au lieu de camper dans les Landes. Et il parvient à ne pas se faire rejeter, malgré cette chronique insatisfaction. Il bénéficie d'un cadeau du ciel : le charme. Un charme mirobolant. Il vous roule dans la farine, vous fait prendre une trotti- nette pour un ours en peluche et obtient de vous emmener dans une île où il puisse s'exercer au ski nau- tique, à la voile et à la plongée sous- marine alors que vous comptiez faire du ski de fond en Autriche.

Cela dit, vous pouvez tout obtenir de lui en jouant. Il aime jouer. Trouvez-lui un jeu de dames, des cartes, des disquettes, des cubes, des boîtes à malice, des Pictionary et autres Master Mind, Scrabbles, dés, échecs, go, solitaires ou dominos : peu importe le jeu, du moment qu'il en a l'ivresse. Il goûte aussi la musique et les danses, pour lesquelles il est très doué. Sa grâce exceptionnelle (il garde toute sa vie une sil- houette longiligne, une finesse androgyne), assortie à son sens du rythme et à son éloquence physique, en font un véritable artiste. Bien souvent, il ne poursuit pas les cours entrepris, préférant improviser et suivre sa fantaisie. Il capture les pas les plus compliqués en un clin d'œil et se meut avec la grâce nerveuse, l'intense naturel des enfants prodiges. Il a besoin d'apprendre. Comme un jeu. Il apprend pour croître, pour se distraire, pour être informé, avoir le plaisir de communiquer l'information. Mais il a du mal à rete- nir ce qu'il apprend, à l'enregistrer. Sa curiosité assou- vie, il passe à un autre sujet. Il faut lui enseigner dès son plus jeune âge à se concentrer, tout en jouant ou en récitant ses leçons. Il se disperse, répond au télé- phone, se dépense en contacts, sorties, anniversaires, et s'il est en étude, organise des batailles navales ou des ventes de goûters plutôt que de tirer parti de sa vive intelligence pour venir à bout des problèmes en un temps record. Il lui faut des parents et des maîtres pleins d'autorité naturelle pour l'astreindre à rechercher l'essence des choses. Il préfère, spontanément, la diversité des impressions à leur qualité, s'adapte comme un caméléon au milieu et aux influences ambiants, capte avec virtuosité une masse d'informations, sans les convertir en connaissance. Sa culture précoce, brillante, son éloquence d'adolescent prodige n'ont pas toujours le poids d'une réflexion personnelle et profonde, comme l'enfant Capricorne ou Scorpion. Pour une bonne raison : il est détaché des émotions. Ce qui lui permet d'affronter les situations les plus difficiles dans une relative indifférence, muni de réponses plus ou moins appropriées, de reparties spirituelles de plus ou moins bon goût (parfois peu charitables), avec un sang-froid impressionnant pour son jeune âge. L'éducateur devra développer sa concentration par des exercices et des jeux requérant de la patience, et son sens des responsabilités déficient en lui donnant un petit animal dont il devra s'occuper ; par exemple, une action régulière à accomplir en faveur des déshérités, fût-elle symbolique, en l'inscrivant chez les scouts, ou toute autre activité développant un altruisme qui lui fait défaut. Avec lui, il ne faut pas hésiter à faire acte d'autorité : vous décidez ceci, allez à tel endroit, l'obligez à rester en étude, le tout sans explications. Autrement, il ergote sans fin.

Ce qu'il faut faire
pour être aimé du petit garçon
Gémeaux

- Le défier à tout propos.
- Parier avec lui, de petites sommes ou des parties de pétanque.
- Accueillir à la maison plein d'amis. Les vôtres, les siens, peu importe, du moment qu'il peut participer aux discussions et trouver des victimes pour ses parties de backgammon.
- Le sortir. Toutes les manifestations culturelles l'éblouissent, l'émeuvent, le rendent joyeux et lui ouvrent le cœur.

- Lui enseigner un sport d'adresse : fléchettes, tir à l'arc, escrime, pétanque.
- L'entourer de musique. Même s'il ne désire pas en jouer, il y est profondément sensible.
- Ne pas lui passer le plus anodin des mensonges.
- Lui faire faire des exercices de concentration : puzzles, collages, et de contrôle de soi.

Blaise Pascal

27

Laure Killing

Portrait
de la femme Gémeaux

C'est une grande séductrice. Parfois elle est jolie, en plus ; mais c'est surtout par son intelligence qu'elle ravage les cœurs. Elle est si vive, si chatoyante, si spirituelle. Elle sait écouter avec tant d'attention et parler avec tant d'à-propos. Toujours occupée à mettre en relation les êtres entre eux, à faciliter la communication avec ses semblables, à rechercher le meilleur angle pour les aborder, à composer avec leurs humeurs et leurs changements. Toujours à la recherche du détail qui leur fera plaisir, du petit mot qui les réconforte, du présent ou du coup de fil qui arrive au bon moment. Une vibrante personnalité, cérébrale et parfois spiritualisée, ce qui ajoute à son charme . jamais possessive, jamais charnelle comme peut l'être une femme de terre. Fille des airs, elle garde longtemps sa grâce d'adolescente, une allure et une expression juvéniles, une grande vélocité, de la mobilité et de l'enjouement. Elle intellectualise beaucoup sa vie, ce qui réduit son champ d'expériences : comprenant plus vite que d'autres les résultats de ses actes, mesurant les conséquences de ses paroles ou de ses écrits, elle préfère très vite se tourner vers les joies de la culture. Ou jouer à se faire peur, ou jouer à se faire plaisir, sans être dupe. Toutes les formes de cultures la passionnent, depuis la botanique, l'élevage de papillons, la gastronomie, jusqu'à l'aérospatiale, en passant par l'art, la communication, le journalisme, la politique et le cinéma. La lecture, l'écriture et la poésie tiennent une place privilégiée dans son existence et si elle a, comme elle le souhaite, de nombreux enfants (souvent, elle les fabrique jeune, à la chaîne !) ils seront nourris de vers et de prose autant que de lait...

La femme Gémeaux en amour

Elle a quelque chose d'insaisissable. Non pas qu'elle fuie, comme la femme Poissons. Mais il est difficile d'avoir vraiment prise sur elle. Dès que ses sentiments et son émotivité entrent en jeu, elle parvient à se dédoubler, à raisonner ses impulsions, à maîtriser ses affects, à prendre ses distances pour ne pas être entraînée là où elle ne veut pas aller. Il est très difficile de la capter, car elle est libre, profondément libre. Souvent, quand elle est jeune, elle s'entiche d'un homme pour un détail, parce qu'il a des oreilles ourlées comme du velours, parce qu'il danse à la perfection ou parce qu'il récite des poèmes de Gérard de Nerval comme Gérard Philipe ; ou encore, elle tombe amoureuse d'un physique, d'un homme beau et qui sait s'habiller ; puis, à la première soirée en tête-à-tête, elle s'aperçoit de sa bévue et ne répond plus au téléphone. En fait, il est quelques règles à respecter absolument, quand on est amoureux d'une femme Gémeaux : premièrement, ne jamais croire acquises ses faveurs ; deuxièmement, ne pas laisser s'installer des habitudes ; même si vous vivez ensemble, elle a besoin d'être surprise par des inventions ou des trouvailles inattendues ; troisièmement, ne pas se comporter avec elle comme si elle était votre épouse une fois pour toutes, car elle est tout à fait capable de prendre ses trois ou quatre bambins sous le bras et d'aller nicher ailleurs sa couvée. Enfin, la provoquer intellectuellement, lui donner sans arrêt de nouvelles découvertes à faire, de nouveaux livres à lire, et la défier. Cette créature-là s'aime et se garde par l'esprit, encore plus que par le cœur, ne l'oubliez jamais.

Liza Minelli

La femme Gémeaux au travail

Le travail est quelque chose qui la passionne. Une femme Gémeaux n'est jamais pleinement elle-même si elle ne se livre pas à quelque activité qui la mette en relation avec un grand nombre de ses semblables et qui, accessoirement, la valorise et lui donne confiance en elle. Peut-être à cause de la dualité de son signe, peut-être encore parce qu'elle est cérébrale, elle pense, donc elle doute, elle a peu d'assurance et a le plus grand mal à trouver sa véritable identité. Répondant aux sollicitations de ses supérieurs, elle ne conteste guère leur autorité et se laisse volontiers exploiter – même si elle apprend à s'éclipser pour éviter un affrontement. Il est très difficile de la prendre en faute, car elle s'acquitte de sa tâche avec intelligence et savoir-faire ; elle sait aussi prendre des initiatives et se tire des situations les plus complexes par son sens relationnel, son génie du compromis et son intelligence de l'âme humaine. Ses métiers de prédilection sont bien sûr liés au commerce, à l'échange, à la communication sous toutes leurs formes. Elle réussit brillamment aussi dans les métiers de service, car elle aime apporter son secours intellectuel à ceux qui en ont besoin. Les métiers de service médical ou paramédical, de tourisme et de voyages, de mode et d'esthétique lui plaisent. Les relations publiques, les médias, l'écriture, la fonction publique lui siéent également. Enfin, elle montre un grand talent pour le théâtre, la comédie, la scène, en général, où son côté double fait merveille. Cela posé, ce n'est pas une femme d'argent. Et si elle en gagne, elle le dépense avec allégresse.

La femme Gémeaux et sa santé

Nerveuse, comme l'homme du signe, elle est aussi anxieuse, très soucieuse de bien faire, parfois maladivement survoltée, sur le qui-vive. Aussi doit-elle se ménager de sérieux moments de relaxation, sinon à l'air pur, du moins dans une forêt ou un espace vert où elle puisse renouveler son oxygène qui est sa denrée vitale numéro un. Il lui faut une alimentation riche en légumes, fruits et viandes ou poissons. D'ailleurs, d'instinct, elle n'aime pas les féculents et les desserts. Si elle ne prise guère le repos, et encore moins les vacances, elle apprécie les courts séjours – ou de longs week ends – hors de la ville, où elle pratique beaucoup de sports, rencontre beaucoup de nouvelles têtes et s'adonne à une variété de loisirs comme le bateau, la pêche, l'équitation, la pétanque ou le bowling. Les jeux de société la détendent infiniment : aussi bien les dames que les dominos ou le Master Mind. L'essentiel pour sa santé étant de se délivrer momentanément de toute responsabilité. Quelle qu'elle soit. Même ses enfants qu'elle adore doivent, de temps à autre, lui être enlevés par une sœur ou une mère compréhensives afin qu'elle puisse se livrer à ses enfantillages sans redouter qu'un problème ne survienne.

Florence Arthaud

Lio

Ce qu'il faut
pour séduire et garder une femme
Gémeaux

- Lui échapper le plus souvent possible : elle ne prise guère l'homme au quotidien.
- Se montrer élégant, volontiers dandy : l'apparence compte beaucoup pour elle.
- La laisser libre de mener ses petits flirts quand et comme elle l'entend.
- Avoir lu les derniers livres dont on parle, vu les dernières pièces et les derniers films d'actualité.
- La sortir souvent, accepter de nombreux dîners et accueillir beaucoup de monde chez vous.
- Etre spirituel, léger et talentueux.
- Aimer la compagnie des enfants.
- Pratiquer au moins un sport assidûment (voile, tennis, natation ou bicyclette).
- Respecter ses goûts d'indépendance.
- L'emmener en vacances dans des pays lointains, lui faire découvrir des civilisations exotiques.

La petite fille Gémeaux

Elle se révèle plus féminine que sa mère, plus gracieuse que le mouvement d'une vague sur l'océan, plus charmeuse qu'un pois de senteur : tout, en elle, est finesse, talent, intelligence et beauté. On peut imaginer, d'après les photos de son enfance et ce qu'en raconte Norman Mailer, quelle petite fille ravageuse dut être Marilyn Monroe. Qui n'a vu Brigitte Fossey dans *Jeux interdits*, inoubliable de naturel ? Et Shirley Temple ? Aucune des petites filles Gémeaux qu'il nous est donné de croiser dans notre vie de tous les jours ne nous laisse indifférents. Un mélange d'audace et de réserve, une invention pétillante dans les dialogues et les attitudes et une volubilité ahurissante la signalent le plus souvent à l'attention de l'observateur. Mais le parent, lui, va avoir fort à faire avec cette créature pour l'élever. Elle est indépendante, dans ses goûts comme dans ses humeurs. Parfois tendre et sociable, parfois sauvage et bourrue, elle est d'un naturel rebelle. Ses yeux interrogateurs vous alertent : «Pourquoi devrais-je t'obéir, à toi, plutôt qu'à moi-même ?» disent-ils. Légère comme un flocon de neige, sage comme un volcan, rusée comme un léopard, elle vous coule dans le caramel mou et vous fait accomplir tout ce qu'elle désire. Il ne faut pas lui donner d'ordres mais l'amener, par le raisonnement, à adopter votre point de vue. « On mange de la soupe pour les vitamines, car elles rendent belle – Mais je ne veux pas être belle – Pourquoi ? – Parce que tous les garçons viendront m'embêter » est un dialogue caractéristique de la relation du parent avec la petite fille Gémeaux. Vous serez alors amené, vous, adulte, à renoncer à lui faire manger de la soupe ou à trouver un argument indiscutable. L'essentiel de l'éducation d'une Gémeaux tient en ce détail : éviter de se faire piéger. Vos arguments doivent être imparables : la dialectique, elle l'a d'instinct, en naissant. Plutôt que de combattre ses aspirations frivoles, servez-vous-en comme d'un support pour lui faire apprendre ses leçons. Par exemple, à chaque doigt peint de vernis à ongles, elle apprend une table de multiplication. Et si elle se dispute avec ses sœurs et frères pour être assise près de la fenêtre, en voiture, n'intervenez surtout pas ; il y a beaucoup de leçons qu'elle doit apprendre seule. Très tôt, elle montre des dispositions pour le sport et l'art : exploitez ses dons pour la danse ou les jeux de ballon, la course et la voile. Ne lésinez pas non plus sur les cinémas, théâtres et autres marionnettes grâce auxquels elle enregistre plein de choses. Elle adore cela, même à un âge où les autres filles préfèrent les surboums.

Ce qu'il faut faire
pour être aimé de la petite fille
Gémeaux

- Jouer avec elle aux échecs, au Scrabble, à l'histoire dont vous êtes le héros.
- Lui sortir du grenier les robes de votre grand-mère, sinon, lui en trouver aux puces : elle adore les déguisements.

- Ne pas l'obliger à faire de vrais repas. C'est une grignoteuse de choses salées.
- Lui mettre des chaussons de danse aux pieds dès qu'elle est en âge de marcher et l'inscrire à des cours de ballet dès que c'est possible.
- Lui apprendre à créer des marionnettes et lui faire monter ses pièces de théâtre.
- Ne pas trop déborder de sentiments et d'émotions à son endroit : elle n'apprécie pas.
- Sanctionner fermement toute tentative de mensonge ou de tromperie dès l'origine, pour éviter qu'elle ne prenne le pli. Lui expliquer pourquoi il est inutile de mentir, même pour « rire ».
- Si vous ne pouvez lui offrir qu'une robe par an, qu'elle soit à la dernière mode.

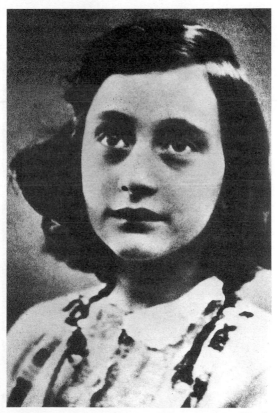

Anne Frank

La reine Fabiola

Les héros
des Gémeaux

Paul Gauguin, Jean-Paul Sartre, Anne Frank, Gustave Courbet, Velasquez, Raoul Dufy, Robert Schumann, le douanier Rousseau, John Fitzgerald Kennedy Marilyn Monroe, Dürer, Pascal, Jean-Paul Sartre, Marguerite Yourcenar, Louis-Ferdinand Céline, Gérard de Nerval, Padre Pio, Clint Eastwood, Jean d'Ormesson, Florence Arthaud, le commandant Cousteau, René Char, Saint-John Perse, Muriel Cerf sont tous nés sous le signe volatile, brillant, communicatif, éblouissant, plein de fantaisie, de dons et joueur des Gémeaux. Ils ont, à des titres divers, marqué d'un sceau inoubliable leur époque et su exploiter des courants tumultueux et changeants.

Jean-Paul Sartre

Marilyn Monroe,
le mythe immortel

Née dans une famille désunie, d'une mère déséquili-
brée et secouée par des déboires sentimentaux, Norma
Jean forma très tôt le projet de réaliser ce que sa mère
avait toujours laissé à l'état de rêve. Une carrière au
cinéma. Dans ce désert affectif que fut son enfance,
empli de fuites anxieuses, de départs, de dettes
impayées et d'instabilité chronique, il lui fallait se for-
ger l'identité que son géniteur lui avait refusée, ou bien
mourir. Son signe ascendant en Lion, et sa Lune en
Verseau, lui donnent une dominante solaire-ura-
nienne. D'Uranus, elle a hérité le désir d'absolu, la
quête de l'idéal amoureux et la personnalité anticonformiste qui séduisit les plus grands, tels Kennedy ou
Arthur Miller. Du soleil, ce rayonnement, cette chaleur, ce don d'aimer, cette pureté dans les sentiments,
cette innocence qui frappaient tous ceux qui avaient la
chance de l'approcher. Mercure, le maître du soleil en
Gémeaux, n'intervient qu'en deuxième lieu, il lui a
conféré ce don de la repartie, cette facilité d'élocution,
cette intelligence relationnelle, ces dons pour apprendre plus vite que les autres, durant ses cours d'art
dramatique. Mais aux dires des hommes qui ont eu la
chance de la rencontrer (comme Yves Montand, par
exemple, ou Norman Mailer), ce qui surprenait le plus
en elle, c'était la contradiction entre son image de sex-
symbol et l'innocence, la pureté de son être, ce qui est
une des caractéristiques de la dominante uranienne :
l'angélisme, le désir d'absolu dans les sentiments.
C'est sans doute à cette dominante qu'elle doit d'avoir
manqué sa vie affective, même avec son grand amour,
Arthur Miller. L'uranien a une telle exigence, une
telle soif de dépassement, un tel désir de perfection
que personne ne peut combler son attente. L'impression qu'elle produisait dès qu'elle s'exprimait contredi-
sait étonnamment son volcanique sex-appeal. Elle fut,
toute sa vie, en quête d'une certitude affective, d'une
famille qu'elle ne put fonder. Et l'on peut en déduire
que la dominante soli-uranienne triompha de ses par-
ticularités géminiennes. Car l'uranien ne peut se
construire une identité solide hors un certain isole-

ment, une poursuite solitaire de ses idéaux, qui le conduisent en certains cas à l'héroïsme, à l'oubli total de soi. Pour avoir été trop adulée, pour avoir paru ce qu'elle n'était pas (le thème de la méprise, de l'incompréhension des autres est fréquente, dans le destin uranien), Marilyn Monroe a péri dans un grand tumulte émotif. Le hasard – ou ce qu'il est convenu d'appeler la destinée – n'a pas permis qu'elle rencontrât un uranien comme elle, qui comprenne et réponde à son besoin de pureté.

Marilyn Monroe

Padre Pio,
le magicien mystique

Avec le Soleil en Gémeaux, l'ascendant en Balance et
la Lune en Cancer, Padre Pio est une personnalité
d'une sensibilité et d'une intelligence hors du commun. Il reçoit des astres des influences uniquement
vénusiennes (amour), mercuriennes (compréhension)
et lunaires (sensibilité). Ce qui frappe dans sa vie
c'est, en effet, un total abandon à l'amour et à la
Providence, une richesse émotionnelle et une faculté
de transcender les barrières, les préjugés, qui n'appartiennent qu'aux âmes vraiment grandes. Il était également connu pour ses expériences de dédoublement, de
bilocation, intervenant auprès d'une malade à des mil-
liers de kilomètres pour la soigner. Il apparaissait (à
son insu ?) chez des malades dans la détresse et leur

donnait des paroles de réconfort. Padre Pio accomplit de son vivant une immmense tâche thérapeutique, soignant l'âme et la pensée des gens autant que leur corps. On dénomma miracles ces guérisons, bien qu'il s'en défendît. Elles embarrassèrent douloureusement l'Eglise. Il portait les stigmates du Christ. Ce qui gêna beaucoup le Vatican fut son don de médium et de voyant : par exemple, il entendit carillonner les cloches d'une église, en un lieu précis, église qui fut érigée longtemps après sa mort, alors que tout le monde avait oublié sa prophétie. Ses messes opéraient de véritables guérisons collectives. A sa mort fut ouvert un procès en béatification qui n'est toujours pas parvenu à la conclusion de sainteté. Astrologiquement, son mysticisme et ses pouvoirs parapsychologiques se trouvent associés à des Maisons VIII et IX très occupées (notamment par Pluton, Neptune et Saturne) ainsi qu'à Uranus et Jupiter en Maison XII, qui laissent prévoir une expansion de l'âme, un soudain retour de fortune après une grande épreuve. En l'occurrence, s'agit-il des miracles qui s'accomplirent autour de lui après sa mort ?

Arthur Conan Doyle, créateur de Sherlock Holmes

Avec le Soleil, l'ascendant Gémeaux et la Lune en Verseau, Conan Doyle montrait une dominante puissamment mercurienne-uranienne, qui devait l'inciter un jour ou l'autre à communiquer un univers original par la voie de l'écriture ou du cinéma. Or ses personnages sont en effet marqués par l'androgynie de Mercure et d'Uranus, et ils évoluent dans les intrigues et des péripéties extrêmement singulières, mais dépouillées de toute image importante de femme. Les femmes, quand elles apparaissent, sont inconsistantes ou attirent, à plus ou moins brève échéance, des ennuis. Le docteur Watson, qui est fou de musique et se drogue légèrement (ce trait est conforme à la dualité ludique des Gémeaux), vit avec Sherlock Holmes et s'institue son biographe. Quel beau symbole de dédoublement ! Quant au détective qualifié de « génial » par la presse du monde entier (et ses quelque cinquante millions de lecteurs), il mène ses enquêtes avec minutie, joue du violon, et a un ennemi juré : le mal, qu'il s'acharne à terrasser en toute circonstance. On retrouve là, lumineux, le symbolisme d'Uranus, qui tranche, sans nuances, avec son goût de l'absolu, intervient pour purifier la société et l'élever vers des idéaux de plus en plus nobles. De plus, ces héros vivent célibataires, et l'on ne trouve aucune allusion à leur sexualité. Comme le remarque judicieusement Hadès, « Sherlock Holmes est ce double idéal et illusoire auquel Conan Doyle a prêté ses propres traits de caractère, amour de la musique, de la drogue, intelligence aiguë et mœurs particulières. Comment Conan Doyle a-t-il vécu cette fatalité ? Il n'a pu la ressentir que comme un fardeau. » (*Mars et Vénus*, éd. Bussière) Il est remarquable d'observer, pour finir, que cet Ecossais, médecin militaire, a fait de son personnage de détective l'une des figures les plus célèbres du monde, illustrant le pouvoir rayonnant de l'esprit lorsqu'il sublime ses instincts.

En haut, Robert Schumann; en bas, Paul Gauguin

Albrecht Dürer

Les Gémeaux
et leurs ascendants

Gémeaux ascendant Bélier

On voit apparaître un lutin, quelqu'un d'un peu magique, agile, plein d'éclat, de magnétisme. Un joueur au regard lumineux, spontané, plein d'élan et de chaleur amicale. Puis, subrepticement, le lutin s'éclipse. Il se peut que le tour de piste l'ait fatigué. Que ce soit un numéro de music-hall soigneusement mis au point pour être approuvé, plébiscité sinon aimé par ses contemporains, mais que sa vraie personnalité soit aux confins de cette attitude. Sa vraie nature serait anxieuse, secrète, tourmentée. Ces Béliers éprouvent le besoin de se couper des autres pour donner un peu d'oxygène à leur vrai moi. Leur destin est constitué de grands huits. Selon qu'ils se trouvent dans une phase ascendante ou descendante de leur activité, ils entreprennent mille choses, construisent des plans, tous plus audacieux et élaborés les uns que les autres, prennent des risques, lancent des défis qu'ils s'emploient à tenir. Puis, ils s'abîment dans une étrange léthargie, faite de tristesse, d'indifférence et de nihilisme critique. Leurs métiers sont liés à leur sens inné de la communication : depuis le commerce jusqu'à l'enseignement, en passant par le théâtre, le cinéma, la scène, la représentation, et, bien souvent, la mode. Qui dit Gémeaux dit souci de son apparence. Il y a donc une forte inclination pour les métiers d'esthétique (coiffure, parfumerie, mode), d'artisanat pratique, d'art « populaire » (créations de vêtements, de bijoux, d'accessoires) et aussi de cinéma et de télévision : accessoiriste, habilleur, etc. Partout où il s'agit de prospecter de nouvelles pistes et d'échanger ses découvertes, le Gémeaux-Bélier est à son aise. Il goûte aussi le sport, qui lui permet de défouler ses pulsions violentes, de purifier ses esprits de toutes ses poussières. Le journalisme est l'une des voies qui lui permet d'exploiter au maximum ses potentialités. Hors des désordres nerveux (gastrites, insomnies, fièvres et autres brusques épuisements), il n'a pas de vrais problèmes de santé. Il doit éviter les excitants qui sont pour lui particulièrement délétères (alcool, tabac et café) et toutes les épices irritantes, les condiments exotiques qu'il prise, mais qui bouleversent son système neuro-végétatif. Sur le plan amoureux, il est difficilement « casable », à moins d'une Lune ou d'une dominante douce, en Cancer, en Taureau ou en Balance : à la fois trop changeant par les Gémeaux et trop passionné par le Bélier : il aurait tendance à brûler l'objet de son amour, puis à le délaisser. Il trouve son véritable équilibre à mi-âge, vers trente-huit ou quarante ans, de sorte que l'on voit souvent deux existences très distinctes – et deux âmes sœurs – dans le destin de ces Gémeaux. Ce sont les Scorpions, les Balances, les Capricornes qui comptent le plus dans leur vie amoureuse.

Gémeaux ascendant Taureau

Ce natif a la virtuosité mentale de Mercure, leur maître, et l'attrait puissamment sensuel du Taureau. C'est quelqu'un de très attirant, quel que soit son âge. D'abord parce qu'il a une charpente agréable, bien tournée, des mouvements qui inspirent l'amour. Ensuite, parce qu'il est doté d'une grâce entre toutes divines : le charme. Si Vénus, qui a la maîtrise de l'ascendant, est en bonne position dans le thème, cet être dispose d'atouts remarquables dans l'existence. La beauté-bonté du Taureau (où Vénus est exaltée) donne des individus que tout et tous intéressent. L'intelligence des Gémeaux, toujours en mouvement, permet d'embrasser (au sens propre et au figuré) toutes sortes d'horizons et d'activités. Ces natifs attirent à eux des événements et des circonstances favorables à leur épanouissement personnel. Sans se donner beaucoup de mal. Et ils réussissent dans ce qu'ils entreprennent. Le Soleil en Gémeaux valorisé par l'ascendant, il choisit souvent des étude brillantes – et entreprend une carrière liée aux échanges : d'informations, d'idées, de monnaie, de matière grise, de langues ou de médecine. L'esthétique le préoccupe aussi beaucoup, d'où une vocation de « kinésithérapeute » instinctif : il arrange un muscle, une colonne vertébrale ou un visage avec des mains et des gestes magiques, parfois un savoir-faire inné, une grande douceur et une habileté virtuose. Son destin est souvent divisé en deux parties très distinctes. La première assez dispersée, aux actes et amours fluides, sans lendemain ; la deuxième plus concentrée, ambitieuse, soucieuse de tracer son sillage sur la terre ferme. Il arrive que ce Gémeaux, dans la deuxième partie de sa vie, s'établisse dans une propriété, des meubles à lui, des arbres, des œuvres d'art, des objets précieux, stupéfiant son entourage par son équilibre, sa stabilité, ses goûts soudain sédentaires. Il est fidèle en amitié et devient, sur le tard, fidèle en amour (bien qu'il éprouve, jusqu'à son dernier souffle, le besoin de séduire). Les gens du Scorpion ou ascendant Scorpion jouent un rôle considérable dans sa vie, aussi bien professionnelle qu'amoureuse. Ils le stimulent, le contrarient, provoquent son goût de la compétition et ils éveillent en lui des ressources créatrices qui, autrement, resteraient en sommeil. Très fréquemment, il refait sa vie avec un Scorpion ou quelqu'un dont le thème est marqué par ce signe et il renonce à tout un pan de lui-même : inconstant, frivole, instable, pour construire de nouveaux horizons, ou une nouvelle vocation artistique avec lui/elle. Un ami du signe peut aussi influer considérablement et durablement sur ses choix initiaux.

Gémeaux ascendant Gémeaux

Il peut avoir douze ou soixante-dix printemps, c'est quelqu'un d'irrésistible. Jeune, d'abord, au sens physique du terme. Pas de rides, la peau bien tendue sur les os, pas de gras, nulle part. Les femmes Gémeaux-Gémeaux comme les femmes Verseau, commencent à cinquante-six ans à ressembler à leur fille aînée qui, elle, fait office de grande sœur. C'est quelque chose dans le regard, la voix, la mimique, l'instinct de vie : rien ne l'ennuie, elle n'est jamais blasée, toujours à l'affût de techniques et d'inventions nouvelles. Aussi bien dans le domaine des idées que dans celui de l'expérience ou de l'alimentation, elle se passionne et s'enthousiasme à longueur de temps. Quant aux hommes, ils sont aussi vifs-argents et avides de nouveauté que leurs semblables féminines, tout en ayant moins de stabilité et d'assurance. Comme s'ils ne pouvaient complètement assumer, endosser leur identité, si d'autres ne venaient à la rescousse : ils se définissent par le regard que leur prochain porte sur eux. On se demande sans cesse comment ces gens ne vieillissent pas. Leur secret ? Ils aiment les sports et les jeux. Tennis, voile, planche à voile, fun board, patins à roulettes, à glace, ski, danse, modern jazz, claquettes, aviron et excitants de toute nature. Hors l'alcool, ils prisent le Coca, le thé, la cigarette, le café, les cocktails exotiques, le ginseng, tous les stimulants de la libido. Bien qu'ils apprécient un plat épicé ou un dessert original, ils mangent très peu.

Ils goûtent aussi la joute intellectuelle, poursuivent durant toute leur existence un idéal de connaissance qui les conduit à se lancer des défis permanents. D'où le rôle prépondérant que joue l'apprentissage dans leur vie. Ces Gémeaux s'accomplissent en apprenant. Sans se laisser démonter par l'ironie, la dérision ou les moqueries de leurs proches, ils s'inscrivent dans des écoles à cinquante ans, passent des diplômes à soixante et se remarient allègrement à soixante-cinq ans.

Leur santé est tributaire de leur système nerveux, particulièrement excitable : migraines, arythmies du cœur, chamboulements digestifs à la moindre contrariété. Mais leur santé reste bonne. Ils ont besoin de beaucoup de sommeil, de respirer le grand air pour retrouver leur équilibre. Leur profession est d'ailleurs souvent en relation avec la nature, l'échange, ou alors elle s'épanouit dans les transactions intellectuelles, les activités de communication, les mises en valeur d'idées, de personnes ou d'idéaux (plutôt spirituels ou culturels). Ils s'entendent à merveille avec les Gémeaux comme eux, les Cancers et les Sagittaires. Tous les autres signes peuvent s'entendre avec eux, mais superficiellement. Ils n'éprouvent nul besoin d'approfondir leurs relations avec eux. Seuls ces trois signes sont et restent de vrais complices, dont ils découvrent la richesse, chaque jour, avec plaisir.

Gémeaux ascendant Cancer

Assez juvénile, insouciante, sentimentale et incertaine, cette personnalité ne se réalise que dans un métier en relation avec l'enfance. Soit en devenant un sujet de création et d'imagination (comme modèle, acteur, danseur, etc.) soit en portant à sa famille, à ses ancêtres, à sa terre ou à l'histoire, un intérêt, un regain de vie, une présence exceptionnels, soit encore en créant son propre univers mental, qu'il cherche à communiquer à ses semblables. Il invente un monde à lui, à part, rempli d'elfes et de créatures un peu magiques qui lui permettent de retrouver son équilibre intérieur. Très sensible, sous ses dehors ludiques, il a du mal à se réconcilier avec des êtres qui l'ont brusqué, peiné ou maltraité. Il ne s'adapte qu'en apparence aux règles et aux lois des hommes. Au plus profond de lui, il reste attaché à l'enfance, à sa famille, et préfère un rassemblement de proches, une soirée dans l'intimité à des sorties ou des distractions mondaines, même en compagnie prestigieuse. Parfois, la quête des racines, des ancêtres, prend le pas sur la réalité concrète : l'être se réfugie dans un passé mythique, qu'il pare de vertus merveilleuses. Il a souvent besoin de fuir ou d'éviter le réel, plus parce qu'il le limite et l'encombre dans ses aspirations que par inadaptation foncière. Sa dominante lunaire le rend quand même dépendant des autres, attaché à leur approbation, à leur présence. C'est pourquoi il se réalise dans des lieux où le public joue un rôle important : foires, expositions, scènes, cirque, cinéma, tous les lieux où la foule se déploie. Il lui faut une assistance, des gens qu'il fait rire ou pleurer, dont il touche le cœur, les émotions, dont il gagne la sympathie. C'est un remarquable baladin, un chanteur, un tragi-comique ou un virtuose du divertissement, joueur, bateleur, acteur, clown et inquiet, sans cesse dédoublé, avec une partie de lui profondément solitaire, qui a besoin d'amour et se moque de tout le reste, et une partie de lui qui pleure, compatit au malheur d'autrui, prend part aux tragédies du monde, se lamente, se désespère devant l'indifférence et la lâcheté du monde. Il ne peut participer aux actes d'héroïsme, à l'engagement d'un Bélier, d'un Sagittaire ou d'un Lion. Mais il peut apporter sa contribution à la cause qu'il soutient, par ses dons de pamphlétaire, de poète, de traducteur et de créateur.

Gustave Courbet

Gémeaux ascendant Lion

L'intelligence, la faculté de combiner, de trier, de synthétiser les informations permettent à ce natif de concrétiser ses facultés exceptionnelles. Il agit en général après avoir examiné toutes les données d'une question, avoir estimé et prévu les conséquences possibles. Ses qualités morales déterminent la réussite de ses options, même si elle n'est pas immédiate : il a de la volonté, de l'ambition, de l'orgueil, il énonce bien ce qu'il conçoit, et il a un profond besoin d'imprimer sa marque : aux êtres, aux lieux, à l'histoire. Physiquement, il présente bien. De l'allure. Du goût. De l'élégance. Il aime s'habiller, choisit minutieusement les tenues qui vont composer sa panoplie. Bien qu'il soit gourmet, parfois même gourmand, il reste mince car il ne supporte aucun excès. Et il aime faire du sport : tennis, équitation, natation, ski. Sur le plan affectif, malgré la nature légère, joueuse, allumeuse des Gémeaux, il surmonte ce handicap et attend. Soit en « travaillant » sur son perfectionnement, en s'occupant ardemment de son couple, en le modelant et en acceptant de modifier certaines de ses attitudes trop absolues, intransigeantes ; soit en repartant de zéro et en pesant bien son nouveau choix. Il est capable de vivre pour un temps seul, et le fait, lorsqu'il juge nécessaire de réfléchir à ses erreurs ou ses échecs. Généreux, magnanime, enthousiaste, il est très entouré, car il rayonne : d'intelligence, de vie, de sincère amitié et de cœur. Il se trouve plus sûrement à l'âge adulte (à partir de trente-trois ans) et se réalise seulement lorsqu'il a opté pour l'un des jumeaux (Castor ou Pollux) et qu'il a renoncé à l'autre. Une belle réussite l'attend dès qu'il a réconcilié les tendances yin et yang de sa *persona*.

Gémeaux ascendant Vierge

Ces deux signes mercuriens sont à la fois proches par leur cérébralité et différents dans leur approche de la vie. Autant le premier peut être insouciant, primesautier, paraître détaché, autant le second est responsable, strict, obsédé de perfection, angoissé, vétilleux. Tous deux ont une approche mentale des problèmes. Mais autant l'un fait une synthèse rapide, enlevée, en dégageant tous les arguments et les avantages d'un choix, autant l'autre ratiocine, analyse, dissèque, critique, discrimine, se distingue par une conception pragmatiste et cartésienne des faits, comme des sujets, en les dépouillant parfois de ce qui constitue leur plus grande valeur : l'impulsion émotive. Certes, un constant équilibre s'opère, entre l'un et l'autre, le premier réparant par l'esprit, la fantaisie, la spiritualité, ce que le second peut présenter de rigoriste, de catégorique, de radical. Mais ils restent intellectuels, incapables d'admettre leur dimension sentimentale, de laisser libre cours à leur instinct, de se laisser emporter par des situations, des événements à caractère émotionnel. Aussitôt, ils se réfrènent, se musellent. Aussi, une dimension affective peut-elle leur demeurer étrangère.

Ils jugent au moyen de leur belle mécanique raisonnante, ils classent, hiérarchisent, enferment des spécimens humains dans des catégories, souvent critiques et discriminateurs (« Moi, je n'oserais jamais faire ceci, dire cela ») sans prendre en compte ni admettre le contexte affectif qui sous-tend tel ou tel acte. Sur le plan de la vie amoureuse, il a en général une première série d'expériences douloureuses, dues à ses choix peut-être inconsciemment défectueux, parce que trop calculateurs. A force d'éviter la souffrance, par une série de déductions, il s'aseptise. Il a avantage à se fier à ses intuitions, à suivre ses élans, il découvre alors de nouvelles perspectives, tant dans sa vie amoureuse que dans son entourage amical et professionnel. Il a malgré tout de grandes difficultés à opter pour une personne, à s'engager vis-à-vis d'elle, dans son cœur, à l'aimer de façon inconditionnelle. Il reste critique, une part de lui juge, et prend de la distance – peut-être pour se protéger – en secret.

Sa santé connaît des fluctuations dues à son stress, à ses scrupules, à ses tourments éthiques et métaphysiques (il a une obsession : agir justement, vertueusement ; aussi, toute parole est-elle méditée, tout acte réfléchi). Souvent son oppression nerveuse lui donne migraines, vertiges, indigestions, douleurs et spasmes intestinaux. Mais il reste prudent, se nourrit sainement et fait de l'exercice. Ses métiers de prédilection :

toutes les disciplines médicales et paramédicales, car il éprouve, par son ascendant, le goût d'aider, de servir, de soigner l'âme et le corps des gens. Et il a un don pour cela. Spécialement un don de parole. Tous les métiers de communication le comblent car ils satisfont son sens inné des contacts. Il sait aussi enseigner, vendre et promouvoir.

Gémeaux ascendant Balance

L'intellect est mis au service du cœur ; le natif dispose d'atouts considérables pour instaurer un climat d'harmonie, de joie, de bonne volonté agissante ; ce n'est pas le dévouement actif et fébrile de la Vierge ; c'est plutôt une façon mélodieuse d'appréhender les gens et les lieux, de les parer d'élégance, de beauté, de ne voir que le beau côté des circonstances de la vie. Cette nature est certainement douée pour la complicité du couple, la joie et la prospérité en amour. Affectueuse tout en gardant son sang-froid ou sa réserve, elle apprécie le bon goût en toute chose, aussi bien dans ses tenues vestimentaires que dans sa décoration ou ses sentiments : pas d'excès, d'exagérations ou d'émotions vulgaires. Elle réussit dans les métiers où il faut convaincre, car elle est persuasive. Sans être réellement spontanée, elle demeure naturelle. Elle sait adhérer à l'enthousiasme d'autrui plus qu'en éprouver par elle-même. Elle se nourrit des désirs des autres, de leurs actions, de leurs projets sans pouvoir décréter un état ou concevoir une quelconque entreprise d'envergure. C'est la personne idéale pour donner corps et vie à une initiative, créer des ouvertures, enclencher des échanges, ouvrir des «postes» de communication. Ses domaines privilégiés : les bibliothèques, les lieux d'échanges culturels et artistiques, les médias, la diplomatie, la justice. Cette personne a du charme, une faculté étonnante d'attirer l'amour et la dévotion de ses semblables. La musique, l'art dramatique, le cinéma sont aussi ses fiefs, ainsi que la justice et les métiers de droit. Son handicap de base : une trop grande sensibilité, impressionnabilité et suggestibilité, qui peuvent être aisément compensées par l'action, en cas de doute, la foi en cas d'indécision, et la fidélité à ses engagements en cas de tentation !

Raymond Devos, en compagnie de Michel Drucker

Gémeaux ascendant Scorpion

D'insatiables désirs de connaissance. Ce mercurien des Gémeaux est marqué par Pluton, l'ange noir, celui qui va au fond de ses angoisses, de ses pulsions destructrices et régénératrices pour accéder à plus d'expérience, plus de vie. S'il pique quand on ne s'y attend pas, c'est souvent par peur d'être attaqué, traqué, emprisonné. Le Gémeaux-Scorpion a une soif inextinguible de liberté. Il s'exile pour mieux comprendre ce qui se trame dans cette chair aimante et douloureuse qu'est l'homme. Qu'il s'agisse d'exil intérieur ou de vrai célibat, il n'évolue que par phases de repli inquiet et secrètement chagrin. Il établit un patrimoine de souvenirs, photos, lettres, archives, liées à son enfance, qui représentent sa grande richesse, sa seule référence, faute de quoi il est privé d'identité. S'il n'écrit pas, s'il ne met pas en scène une partie de ses trésors et hantises, il retourne contre lui ses pulsions créatrices et son action peut se paralyser. Il est en quête du bonheur avant d'en avoir défini les contours. Affamé de contacts et refusant toute intrusion dans son intimité ou ses émotions, il ne parvient pas à l'échange qu'il souhaiterait. Torturé et taciturne, avec des aspects troubles, détachés, parfois presque cruels, dans sa personnalité, il est soumis à de rudes contradictions. Effervescent, joueur, observateur impartial, parfois cruel, de ses contemporains et de leurs systèmes, auxquels il ne peut participer de plain-pied, il est émotionnellement aux prises avec des tumultes intérieurs bouleversants, des crises de conscience, des émotions, des tortures morales qu'il a du mal à exprimer tant ils sont dévorants, et qui l'obligent, au contraire, à se mêler de ce qui ne le regarde pas. Ces contradictions le poussent à réaliser et à accomplir des tâches gigantesques, sans avoir jamais l'impression d'avoir agi comme il le fallait, ou d'être adapté aux conditions qui l'entourent. Cela donne un être complexe, extrêmement brillant, difficile à appréhender (voir Paul Valéry, par exemple) mais attachant et qui laisse des traces...

Gémeaux ascendant Sagittaire

Le couple d'opposés fait souvent bon ménage, les qualités de l'un équilibrant les défauts de l'autre. Ici, c'est Jupiter qui « ouvre » le mercurien, parfois coupé des réalités pratiques. L'ascendant Sagittaire permet d'élargir et d'élever son champ de connaissances. D'une connaissance synthétique, rapide, simplifiante qui caractérise les Gémeaux, on en arrive à un savoir plus complet, sagace, scrutateur, grâce à Jupiter.

La perspicacité jupitérienne enveloppe les êtres d'une compréhension chaleureuse et bienveillante. Dans la première partie de la vie, l'être est plutôt sous l'influence joueuse, la virtuosité de Mercure. Contacts, besoin de s'éparpiller dans des sorties mondaines, des exploits d'apparence. Ensuite, une forme de sagesse, de maturité s'installe. Elle rayonne, attire des circonstances et des événements « chanceux », des voyages, des rencontres, souvent même une réussite matérielle qui n'était pas recherchée.

Si le natif ne change pas de pays, de langue et de métier, il vit en tout cas de façon différente, se passionne pour la philosophie, les religions, la métaphysique ou les périples. Il lit, dévore tout ce qui fait voyager – au propre ou au figuré. Contrairement au Poissons, qui cherche parfois dans l'aventure une sorte de fuite, le Gémeaux-Sagittaire va intégrer ses évasions à sa vie courante, pour lui donner une intensité de sensations qu'elle n'avait pas. Toujours gai, optimiste, il voit le bon côté des êtres et des situations. Sculpte son existence comme une œuvre d'art, avec beaucoup d'envergure et de sagesse enjouée. Son destin consiste à transmettre un savoir, une connaissance, à enseigner, d'une manière ou d'une autre. S'il ne voyage pas dans sa jeunesse, il y est enclin vers la quarantaine. A moins que des voyages par l'esprit remplacent ses aspirations vers l'ailleurs.

Gémeaux ascendant Capricorne

L'alliance de ce couple d'adolescents avec le vieillard sage du Capricorne donne – même à vingt ans – une personnalité exotique. De l'humour et du pessimisme, une désinvolture apparente masquant des tonnerres d'ambition. L'être s'éprouve, non à travers l'expérience directe, mais par la connaissance livresque qui le protège de toute « dépense » vitale inutile. Il est froid, posé, sa maturité dépasse de beaucoup les gens de son âge. Comme dans la formule Capricorne-Gémeaux, il peut avoir des déceptions sentimentales, dues à sa trop grande sagesse, à son sens des engagements à long terme, qui effraient ou éloignent les frivoles et les inconstants. La carrière, l'accomplissement social est la grande affaire de sa vie. Soit qu'il ait subi un divorce, une forte mésentente au sein de sa famille, soit qu'il ait souffert de discrimination sociale, il a résolu de prendre sa revanche. C'est vraiment le sentiment qui l'habite : la volonté froide, déterminée d'arriver là où se trouvent ceux qui l'ont tenu à distance prudente, l'ont méprisé, humilié. Il n'oublie rien. Il a la duplicité géminienne qui lui permet d'arriver à ses fins sans que l'on puisse se douter des buts qu'il poursuit. Il est généralement attiré par des métiers de technicien, où sa haute « fiabilité », son professionnalisme, sont appréciés. S'il fait généralement des études brillantes et poussées, il met du temps à se faire reconnaître et apprécier à sa juste valeur dans sa vie professionnelle, par ambition trop haut déclarée, refus du compromis, sens de sa grandeur, de ses compétences, et tendance à exprimer de façon tranchée ses jugements, sans trop ménager les susceptibilités des uns et des autres. Quant à la vie amoureuse, elle peut lui apporter un certain réconfort lorsqu'il a atteint ses buts sociaux et professionnels : il s'épanouit autour de cinquante ans.

Gérard de Nerval

Hubert Robert

Gémeaux ascendant Verseau

La légèreté, l'irrésistible charme géminien s'allie à l'invention, l'impétuosité uraniennes. Cette personnalité attire tout de suite par un je-ne-sais-quoi d'anti-conformiste, d'original, d'anarchiste ; il s'intéresse à la technologie de pointe, au progrès, à ce qui peut le faire avancer, découvrir de nouveaux mondes. A la fois suave et changeant, imprévisible et brusque, il donne dans la sauvagerie asociale ou contestataire, tout en appréciant la société, ses privilèges, ses conforts. Il se présente comme quelqu'un de beau – avec un aspect étrange dans ses apparences, son regard scrutateur, ses gestes imprévisibles, son élocution. Il séduit violemment, bouleverse ses interlocuteurs, qui ne peuvent saisir par quel mécanisme ce sort leur a été jeté. Ce natif suscite des coups de foudre sans les chercher. Il n'est cependant pas populaire, encore moins apprécié de tout le monde. Il serait plutôt de ceux qui éveillent l'animosité inexplicable de la majorité, et l'amour inconditionnel des *happy few*. Passionné par les idées, les concepts, les hypothèses, les théories et les postulats, il donne souvent dans la communication scientifique, la documentation, la télématique, l'intelligence artificielle, l'adaptation des technologies de pointe à des idées puisées dans la tradition. Il recherche la diversité et le divertissement dans son travail comme dans sa vie. Sans être un grand travailleur, il est capable de fournir de puissants efforts, d'abattre en un temps record une masse impressionnante de travail, car il a une puissance de concentration que rien ne compromet. La terre peut trembler, les canalisations inonder son bureau, il ne le remarque pas.

Difficile de convoler avec un être ainsi « étoilé ». Il préfère résolument les unions libres quand il consent à se fixer sur quelque amour. Autrement, il reste toujours plus ou moins disponible à une nouvelle aventure, un nouveau rêve, une nouvelle expérience, où sont davantage impliqués ses sens que ses émotions.

♓

Gémeaux ascendant Poissons

Un génie de la communication. A la fois stimulée, vivifiée par les idées et captivée par les humains, cette personne cherche à établir une synthèse entre les exigences de son esprit et celles de son cœur. Elle peut donc s'attacher à transmettre des informations, donner dans une activité humanitaire, communiquer ses émotions à travers le théâtre ou l'art, se constituer maillon d'une organisation dont la mission consiste à traduire des actualités d'une langue dans une autre. Elle est imbattable dans toutes les formes d'adaptation d'idées, de sentiments, de gestuelle. Ce Gémeaux fait un remarquable porte-parole, un interprète de choix, un commentateur et un médiateur subtil. Son caractère, apparemment souple et accommodant, cache une grande difficulté à affirmer ses choix, à exprimer ses décisions, à dire sa vérité – sinon LA vérité. Car dire ce qu'il pense signifie juger, critiquer, se couper d'autrui, et c'est un acte auquel il ne peut se résoudre. Intellectuellement, il rêve de réconcilier tous les courants de pensée ; émotionnellement il voudrait fusionner avec l'humanité. Il est pacifiste et souffre des combats qui se mènent et qui séparent les hommes. Il peut, s'il n'a pas reçu l'éducation structurée que requiert son tempérament, sombrer dans l'illusion, l'utopie, l'instabilité psychique et affective. Etre amené à mentir (se mentir), tromper (se tromper), voler (se voler), mal faire par désespoir ou sentiment d'irréalité. Il devra sublimer ses pulsions autodestructrices en créant, non pas de façon solitaire, mais pour les autres, qui sont sa vraie raison de vivre. Sur le plan amoureux, il est bien difficile de classer cette créature. Elle captive et attire comme un aimant tous ceux qui l'approchent. Mais elle ne peut s'engager dans une relation profonde et durable. On la dit séductrice, insatiable de nouveauté, changeante. Elle est capable de mentir, pour s'échapper, pour retrouver sa liberté. Et on ne peut compter sur elle. Son sens du temps n'est pas celui de tout le monde ; elle se laisse emporter par ses enthousiasmes, promet des rendez-vous qu'elle ne tient pas, et, redoutant de causer du chagrin, en cause deux fois plus ou se met dans des situations inextricables. Son sens de l'amitié est cependant exceptionnel...

Philippe II d'Espagne

Seconde partie

Comment déterminer
les grands axes de votre destinée
en recherchant
votre dominante astrale

La dominante d'un thème astral est la résultante d'un grand nombre de facteurs : le signe, l'ascendant, la position de la Lune, celle des planètes angulaires, ainsi que les aspects et les maisons. Ces éléments sont pris en compte par les bons astrologues au moment de dresser le thème de naissance d'un individu ou d'un événement.

Il ne pourrait être question, dans le cadre de cet ouvrage, de considérer toutes ces données. Aussi avons-nous choisi de synthétiser le calcul de la dominante, afin de permettre au néophyte, aussi bien qu'aux élèves plus avancés, de recueillir un maximum de renseignements sur eux-mêmes ou sur des personnes qui les intéressent, sans devoir opérer des calculs. Ces renseignements ne prétendent pas faire le tour de la personnalité d'un individu, ô combien multiple, riche et complexe ni lui indiquer ses actes et ses choix. Ceux-ci restent et resteront le fait de ses décisions, dictées par son libre arbitre. Mais ils vous permettent de déterminer votre dominante. Car votre personnalité est composée de trois éléments indissociables :

• votre moi social, votre représentation extérieure, désignés par le *Soleil*.

• votre moi intime, vos sentiments, vos émotions, la nature de votre sensibilité, indiqués par la *Lune*.

• votre désir d'évolution, la façon dont vous vous appropriez les expériences de la vie pour les transformer en savoir ; désir symbolisé par le lieu où se trouve votre *ascendant*.

Aussi, lorsque vous savez dans quel signe se trouvent votre soleil, votre lune et votre ascendant, vous avez la possibilité d'opérer par vous-même la première synthèse. Savoir, en fonction de la planète dirigeante du signe, les tendances de votre personnalité. Car les planètes n'ont pas toutes la même valeur. Plus elles sont lentes, plus elles sont déterminantes pour votre personnalité.

Ainsi,

le Soleil maîtrise le Lion

la Lune maîtrise le Cancer

Mercure maîtrise les Gémeaux et la Vierge

Vénus maîtrise le Taureau et la Balance

Mars maîtrise le Bélier et le Scorpion

Jupiter maîtrise le Sagittaire

Saturne maîtrise le Capricorne et la Balance

Uranus maîtrise le Verseau

Neptune maîtrise les Poissons

Pluton maîtrise le Scorpion.

Or, si l'on devait classer les planètes par ordres de lenteur, nous aurions :

- Pluton, qui met 250 ans, environ, à parcourir les 12 signes du zodiaque
- Uranus, qui demande 80 ans pour faire ce parcours
- Saturne, qui prend 29 ans et demi pour faire le tour du zodiaque
- Neptune, qui le fait en 16 ans, environ
- Jupiter, qui le fait en 12 ans
- Mars, qui le fait en 2 ans
- Vénus, Mercure et le Soleil, qui le font en un an
- la Lune, qui le fait en 27 jours.

Donc, lorsque vous avez tapé sur Minitel le 3615 code GALA ou composé le 08.36.68.01.15 sur votre téléphone, vous avez appris, grâce à vos date, lieu et heure de naissance que, par exemple, le Soleil est en Capricorne, la Lune est en Taureau et l'ascendant est en Vierge.

Cela signifie que vous avez une dominante *saturnienne* pour votre vie sociale, votre carrière ; une dominante *vénusienne*, pour votre affectivité, votre rapport à la féminité, au foyer, à la création ; une dominante *mercurienne* en ce qui concerne votre évolution, vos aspirations et votre devenir. Muni (e) de ces trois informations, vous pourrez consulter les paragraphes « dominante saturnienne, vénusienne et mercurienne » selon les volets de votre personnalité que vous souhaitez voir développés (vie sociale, vie privée, avenir).

Pour une interprétation plus complète, vous pouvez vous reporter au chapitre « Les planètes dans les signes ».

Les signes de feu (reposant sur le chaud et sec) sont dits masculins. Le Bélier est un signe cardinal, le Lion est fixe, le Sagittaire est mutable. Ils donnent à la personnalité des valeurs dites masculines :
Droiture, franchise, générosité, intégrité, chaleur, activité, passion, enthousiasme, volonté. Ils aiment conquérir et dominer.

Les signes de terre sont féminins. Le Taureau est fixe, la Vierge est mutable, le Capricorne est cardinal. Ils confèrent le sens des réalités matérielles, le goût de l'effort, la ténacité, le besoin de confort, la sensualité. La personnalité est plus orientée vers un accomplissement concret et elle est plus réservée, plus méfiante, que les signes de feu ou d'air.

Les signes d'air sont masculins. Les Gémeaux sont mutables, la Balance est cardinale, le Verseau est fixe. Ils disposent l'individu à communiquer, apprendre, comprendre, connaître, savoir. Ils lui donnent une grande habileté intellectuelle, le besoin d'échanges, la faculté d'enseigner et d'acquérir des connaissances, le goût du changement, de la diversité, de très grandes facilités à s'adapter et le don des langues.

Les signes d'eau sont féminins. Le Cancer est cardinal, le Scorpion est fixe, les Poissons sont mutables. Leur caractéristique : réceptivité, émotion, sensibilité, tendresse, imagination, vulnérabilité affective, besoin de créer. Ils vivent beaucoup dans le rêve, quitte à façonner le réel selon leur vœux, concevoir des plans de vie, réaliser des bâtiments, des œuvres artistiques ou créer un foyer.

Dominante solaire

L'individu solaire se remarque au milieu d'un groupe : sa stature en impose. Il s'agit plus d'une attitude, d'une gestuelle harmonieuse, d'un comportement général de noblesse distante que de caractéristiques précises. Il peut être grand et bien bâti ou petit et malingre, aussi bien que de taille moyenne et corpulent : il est empreint de majesté. Bien qu'expansif, volontiers exubérant, il se montre assez réservé sur lui-même. A la limite de la froideur. Habitué sans doute à voir un ballet d'éléments graviter autour de sa lumière, il ne va pas vers les autres : ce sont les autres qui vont à lui. Après tout, ne distribue-t-il pas sa chaleur, son éclat, à qui le veut ?

Exactement comme l'astre solaire, le solarien n'éprouve nul besoin d'identifier le cortège d'individus que son rayonnement attire. Que l'on aille à lui suffit à sa grandeur. Il concède avec une certaine magnanimité ses compétences, son énergie et son temps, avec cette éthique du dialogue et de la concertation, que Platon ne désavouerait pas, sans paraître vraiment impliqué, émotivement, dans l'aide ou les conseils qu'il prodigue. On a souvent l'impression de se trouver devant quelqu'un qui est au-dessus du lot, sans pour autant en savoir plus sur les mondes qu'il habite.

C'est un être sans débordements, sans passion déraisonnable, un astre fixe, lumineux, indomptable.

Il n'est soumis à aucun état d'âme, remplissant sa mission comme un automate, souriant, affable, plein de tempérance, détaché. Il a quelque chose de lisse, simple et parfait, qui le rend surhumain. Son élégance de mise, de propos, de pensée, n'est jamais prise en défaut. On ne perçoit chez lui ni ces fissures ni ces points vulnérables qui rendent les neptuniens ou les plutoniens si attachants. Les solariens semblent n'avoir besoin de personne. Pourtant, ils ne pourraient accomplir leur mission de pacificateurs sans personne pour les admirer, les solliciter, les vénérer, les jalouser secrètement, les défier.

Ils paraissent exempts de délibérations intérieures, de tortures morales, d'inquiétude ou des doutes qui assaillent leurs contemporains. Infaillibles, impassibles, souverains, investis de la mission post-divine d'embellir le monde et les créations d'ici-bas, ils œuvrent sereinement, telle une île bercée par l'océan, dans l'agitation, la débâcle événementielle, les espoirs et les vaines ambitions de leurs semblables. Eux vivent le présent. Fixes, immuables. Etres de parole mais aussi d'écrit, de musique et de silence, de retraite ; hommes (ou femmes) du monde, capables de silence et de discours, ils visent l'harmonie absolue, contrôlant chaque instant de leur existence comme s'il s'agissait d'un chef-d'œuvre, exerçant leur empire sur eux-mêmes en toute circonstance. Les plus menus détails ont leur importance, à leurs yeux. Ils évitent de prendre des avions en période de vacances, de répondre à une réflexion désagréable, de conduire un jour de manifestation, ignorent les tentations et les excès qui assaillent le commun des mortels. Le solaire apprécie tout avec mesure, comme le vénusien, mais à la différence de celui-ci, il s'arrange pour ne dépendre de rien, de personne. Parfois, on se demande s'il aime vraiment. La réponse est : oui, il aime. Mais il aime pour l'autre et non pour lui. Ses affections comme ses choix sont immuables.

Et s'il est trahi, ce n'est pas lui que cela concerne.

Le solarien a un but : laisser de sa vie un sillage sans bavures et sans accrocs. Marguerite Yourcenar, réécrivant sur le tard une œuvre de jeunesse, afin de ne livrer à la postérité qu'un ensemble d'éléments parfaits, a fait un choix typiquement solarien.

En outre, pas de traces de compromis, de mensonges, d'infidélités à la parole donnée. Un engagement est un engagement : l'on ne revient pas dessus. Il se perfectionne dans tous les domaines, y compris dans l'art de vivre. Sa réussite traverse souvent les décennies, sans éclipse.

Un voyage du Soleil sur un point sensible de votre thème (cela se produit assez souvent dans l'année) vous rend heureux, vous donne l'énergie nécessaire pour mener à bien vos projets et vous réchauffe aussi bien matériellement, affectivement que spirituellement. Un aspect dit négatif dudit Soleil sur vos planètes en contredit les effets. Par exemple, il vous fatigue un peu, ou vous donne des difficultés à vous détendre, vous assoupit ou encore il vous retire de la confiance en vous. Comme vous en sentez instinctivement la nature contrariante, vous n'entreprenez pas de démarche importante sous ces auspices. De toute façon, ils durent peu. Les personnes avec lesquelles s'entendent les solaires sont légion. Mais ne vous y trompez pas : il s'agit de bienveillance froide, distante et toujours un peu détachée. Vous ne trouverez pas de ces manifestations fougueuses et ardentes d'amitié, comme chez des martiens ni de cette volupté aimante, attentive, que dispense le vénusien.

Ceux qui étonnent et conquièrent le solaire sont de nature ignée comme lui : les martiens, avec leur brûlante faconde, leur énergie, leur opiniâtre volonté et les jupitériens parce que leur chaleureuse bienveillance accroît le dynamisme du solaire et le réconforte dans tous ses choix.

Ceux qui l'attirent souvent sont :
- les uraniens, supérieurement doués, talentueux et anticonventionnels ;
- les plutoniens, parce que leur extrémisme excluant, leur élitisme, leur volonté de pouvoir, leur puissance secrète, suscitent son admiration ;
- les mercuriens pour leur intelligence et leur sens du contact.

Dominante lunaire

Le lunaire a des branchies à la place des neurones.

Il perçoit les ondes, courants vibratoires, les flux, reflux, influx et souffles, comme d'autres voient ou entendent ; les lunaires vivent à moitié dans leurs rêves, mi-fantasmes, mi-recréation de la réalité, pressentent une autre vérité qu'ils tentent de traduire par les moyens qui ont été mis à leur disposition : peinture, écriture, chant, théâtre, poésie, mode, artisanat populaire, musique.

Ils sont doux, secourables et très perméables aux influences extérieures. Un lunaire n'a pas de personnalité bien définie, pas de zone d'ombre, non plus.

Il s'adapte, la plupart du temps, à toutes les conditions de vie, d'où une propension à se maintenir dans un état un peu bohème, parfois nomade. Ses difficultés à composer avec le réel du monde occidental (avec ses valeurs d'efficacité, de productivité, de rendement, d'utilitarisme) le font rompre avec une certaine catégorie de gens et, partant, de fonctions.

S'il est capable de réussir dans le monde où il vit, c'est plus par ses créations qui répondent à un besoin du grand public que par sens de l'opportunité ou décision concertée. Inquiet de nature, il lui arrive très fréquemment d'apparaître comme un angoissé si son enfance a été douloureuse : il se remet difficilement de ses premières émotions, surmonte difficilement les tourments, obsessions, superstitions, paniques, phobies, cauchemars, qui sont le lot des natures trop réceptives. Leur sensibilité fragilise l'ego. On le voit souvent devenir célibataire – ou anachorète, ou homosexuel – après des tentatives de fusion amoureuse où il donnait trop ; il se met en marge de la société, se réfugie dans les arts divinatoires ou un univers enfantin où il peut donner libre cours à son imaginaire, à son innocence, à sa poétique immaturité.

Jean-Jacques Rousseau, Helena Blavatsky la théosophe, Jean Cocteau ou, plus contemporains, Dorothée la charmeuse d'enfants, Yves Saint Laurent sont des lunaires.

L'hyper-magnétisme capteur d'ondes dudit lunaire en fait un prophète, un guérisseur (d'âmes ou de corps), un détecteur de futur. Edgar Cayce en fut un exemple marquant.

Peu ou pas actif, il ne supporte que la discipline qu'il s'impose, dort beaucoup, pourrait, s'il n'y mettait le holà, manger et surtout boire plus que de raison. Cela peut d'ailleurs le conduire à la boulimie et à l'obésité. Trop sensible à la désapprobation de ses semblables, à leurs critiques, à leurs humeurs versatiles qu'il amplifie, au fond de ses viscères, à la puissance carrée, il trouve refuge dans le secret, la fuite, le travestissement partiel ou total de la réalité, l'érémitisme, le nomadisme, les drogues, la contemplation religieuse, le sommeil ou, à l'extrême, dans la mort, ne se consolant jamais d'avoir dû s'affranchir, se dégager de son foyer, voler de ses propres ailes.

Un transit lunaire se produit si souvent qu'on ne peut à proprement parler en déduire des effets précis. Ce que l'on peut noter, c'est la résurgence d'angoisses et de crises de dépression au moment de la pleine lune, une créativité peut-être plus fébrile aux périodes de lune croissante, et une sociabilité accrue à la lune décroissante.

Les personnalités qui épanouissent un lunaire sont :

- les jupitériens, qui lui apportent le soutien, le réconfort, la confiance et l'autorité dont il a besoin.

- les solaires, qui le réchauffent, le dynamisent, lui prodiguent l'énergie positive, l'impulsion vitale et le tonus qui lui font souvent défaut ;

- les plutoniens, qui l'aspirent dans leurs spirales à tendances destructrices, leurs gouffres d'angoisses, mais lui vouent, en contrepartie, une passion tenace, durable, profonde.

Ceux qu'il doit plutôt fuir sont :
- les neptuniens, qui accentuent sa propension à broyer du noir, le déstabilisent encore davantage par leur propre inconstance ;
- les mercuriens, trop habiles, opportunistes, parfois superficiels dans leurs attachements ;
- les saturniens, qui l'éteignent, le rendent stérile ou le paralysent dans une forme d'impuissance artistique, s'ils ne le démolissent pas par leur esprit critique et leur perfectionnisme excessif ;
- les martiens qui le brusquent, le violentent, le maltraitent par impatience activiste autant que par irrespect de sa nature contemplative.

Dominante mercurienne

Mercure rend habile au négoce, ouvert en affaires, opportun en amitié, communicatif en amour. Il fait les êtres de parler plus que d'agir, de médias et d'entregent, les intermédiaires et les porte-parole. Pourparlers, discussions, délibérations (à haute voix et en présence de tiers), brillants plaidoyers, discours virtuoses d'éloquence, interventions, conférences, stratégie commerciale, échange linguistique, toutes ces matières sont du domaine du mercurien.
S'il est facile de le reconnaître au sein d'une société traditionnelle, qui lui fait la part belle, il est moins aisé de l'identifier dans le cadre des missions, des opérations ponctuelles qui lui sont confiées : son adaptabilité extrême en fait un personnage étrange, aux multiples visages et fonctions. Capable de participer à la mise en place d'un village de vacances à l'étranger comme d'un centre pour enfants orphelins, thérapeute et troubadour, gourou d'une société secrète ou adepte de la philosophie du Nouvel Age, guide touristique ou interprète, conférencier spécialisé dans la transmission du message évangélique, il s'insère dans tous les milieux, s'accommode de toutes

les situations, du moment qu'il peut donner libre cours à sa marotte : reporter. Il « reporte » à peu près tout, avec art : mise en valeur, conditionnement et vente du sujet proposé.

C'est son talent le plus couramment reconnu : la virtuosité dans la communication des informations. Il va, d'instinct, vers les pays et les conditions où quelque chose a enrayé la communication et il restaure les circuits. Qu'il s'agisse de téléphonie, d'ingénierie, de voies ferroviaires, de ponts et chaussées, de séminaires de formation, d'enseignement, de débats philosophiques, d'expansion culturelle, de publicité ou de connaissance religieuse, le mercurien règne en maître. Incontesté, souverain. Car ses menus à la carte satisfont la chèvre et le chou, ménagent les susceptibilités, manœuvrent – subtilement – les consciences. Difficile, sinon impossible, de le mettre en colère, de le sortir de ses gonds ou de le blesser profondément, dans le cadre de sa mission. Il a trop d'humour, de sens de la répartie, de souplesse et... de sens du confort pour se laisser entamer par une rebuffade ou un geste de mauvaise humeur.

Sa devise : on verra bien. Le mercurien a horreur de s'engager dans quoi que ce soit. Il se veut disponible à toute intrusion inopinée du hasard, à toute occasion offerte, à toute proposition impromptue. C'est pourquoi le mercurien n'est pas la créature du grand amour mais plutôt celle de l'amitié (qui peut devenir amoureuse si l'on sait l'apprivoiser), ni des promesses tenues ni des déclarations suivies d'effets correspondants. Il faut prendre ses protestations d'amour et ses témoignages d'affection (pourtant sincères) pour des mots authentiques dans le contexte où ils s'inscrivent, au moment précis où ils sont prononcés. Mais ils ont une validité à durée limitée.

Pour garder un mercurien comme ami de cœur, il ne faut pas le prendre au mot. Il vit au jour le jour – à l'heure l'heure, même – oublie si facilement ce qu'il a dit comme ce qu'on lui a fait et si vite : comment lui en vouloir ?

Le mercurien est celui à qui l'on pardonne, sans très bien savoir quoi : il y a tant de petites infidélités, tant de mini mensonges, tant de dérisoires dissimulations, tant de trahisons volatiles, tant de babillages sans conséquences, dans sa vie. Lui-même ne sait plus très bien où il en est. Au demeurant, cela n'a guère d'importance étant donné sa nature vif-argent, sans cesse sollicitée par de nouvelles connaissances, de nouveaux réseaux d'amis, des entreprises et démarches originales.

Un transit positif de Mercure sur une planète ou dans une zone sensible de votre ciel accroît votre charme et votre faconde, favorise toutes vos démarches, en particulier celles qui sont liées à la planète : études, conférences, articles, livres, messages, rencontres de personnes importantes pour votre métier ou vos affaires. Vous en éprouvez aussi les effets contraires en cas d'aspect conflictuel : contrariétés liées à vos démarches, reports de rendez-vous, retards dans les résultats escomptés, effets mineurs, certes, mais irritants.

Ceux que le mercurien porte dans son cœur sont :
- des mercuriens comme lui, pour des raisons faciles à deviner : même humour, même aérienne adaptabilité, même don d'empathie, même savoir-faire ;
- les saturniens, du fait de leurs qualités opposées : ils apprécient leur complémentarité et circonscrivent à merveille leurs incompatibilités. Leur sérieux, leur façon de tout prendre au tragique constituent une bonne contrepartie à la légèreté équivoque des mercuriens ;
- les jupitériens, qui l'entourent d'hospitalité, de chaleur, de confiance et... d'autorité ;
- les solaires, dont la froideur pleine de tempérance ne nuit pas à son agitation chronique.

Ceux qui le dérangent dans l'expression de sa nature :
- les vénusiens, trop séduisants, trop érotiques, trop attirants physiquement : ils l'empêchent de réfléchir, de tout contrôler par le raisonnement, la logique ;
- les plutoniens, trop passionnés, trop engagés, trop entiers, trop excessifs dans leur demande et émotivement éprouvants ;
- les martiens, pas assez ludiques, si impatients, ambitieux, qu'ils mettent à trop rude épreuve la résistance nerveuse des mercuriens (plutôt petites natures).

Dominante vénusienne

Vénus est le liant universel, la princesse aux mille trésors, la douceur, l'harmonie et la beauté dans toutes leurs acceptions. Nul ne résiste au charme vénusien car c'est un charme d'amour véritable. Le vénusien aime son prochain et, corollaire indispensable de l'amour vrai, il le respecte. Il respecte ce qu'il est ; ce qu'il choisit ; ce qu'il veut ; ce qu'il demande ; par-dessus tout, ce qui le différencie de lui-même.

L'univers est assez grand et suffisamment varié pour supporter d'être habité par des créatures tout aussi variées. Le vénusien ne va pas forcément à l'aide de son prochain comme le jupitérien bienfaiteur, mais il est bienfaisant par sa présence.

Sans nécessairement agir, il est là quand il le faut, il emploie les mots qu'il faut, sait avoir les gestes ou les silences justes. Toute d'approbation et de tolérance, son attitude met à l'aise les plus humbles comme les plus grands. Le vénusien est reconnaissable à son maintien gracieux, à sa vêture élégante et raffinée, même s'il est pauvre, à ses propos apaisants, indulgents, pacificateurs, suaves : des baumes au cœur d'autrui. C'est un épris de justice capable de se battre pour la cause à laquelle il croit : Brigitte Bardot et sa protection des animaux, comme Gandhi et l'indépendance de l'Inde, sont des thèmes vénusiens : il s'agit de protéger ceux qui sont sans défense. Sa force est dans les autres, par les autres et en autrui.

Sa faiblesse également : il se détermine trop en fonction de ceux qu'il chérit, négligeant parfois ses propres aspirations et ses besoins ; il oriente trop sa vie par rapport à eux, ne se ménageant pas de soupape de sécurité ni d'autre source de lumière. Certes, le partenaire conjugal constitue l'essentiel de son bonheur, mais il arrive qu'un veuvage prématuré, une mission de longue durée, un événement imprévu lui retire cette source, provisoirement ou définitivement. C'est chez les vénusiens qu'on trouve le plus d'inconsolables, inguérissables, car leurs attachements qui semblent se nouer avec tant de rapidité, n'en sont pas moins profonds, exclusifs, intègres. Le vénusien a le goût d'être aimé, il chérit la beauté (la mode, l'élégance, le raffinement, la grâce, l'harmonie). Il se manifeste donc beaucoup dans les professions qui le mettent en contact avec les autres, dans un cadre qui développe ses goûts. La mode, les arts plastiques, la danse, la musique, le chant, le mime, le cinéma, la création de bijoux...

Il peut aussi, en compagnie d'aspects planétaires adéquats, se passionner pour l'âme et le corps de ses semblables, d'où son choix de professions psychologiques ou de disciplines visant à atteindre plus d'harmonie, de justesse et de justice : yoga, esthétique, métiers du toucher – massages, kinésithérapie –, ceux de la jurisprudence – avocats, juges.

Le destin vénusien est imprévisible car soumis aux êtres auxquels il a choisi de lier sa vie : conjoint, amis, associés, membres de la famille ayant des affinités électives ou sélectives avec lui, voire enfants (spirituels et adoptés compris).

S'il réalise de grands desseins humanitaires, c'est souvent pour une ou deux personnes que, dans l'intimité, il vénère. Il souffre plus que tout autre de la débâcle de son enveloppe charnelle, qui heurte profondément son sens esthétique et meurtrit ses capacités à donner. Il se sent vite inutile quand il est abandonné ou rejeté par « les jeunes » et ne trouve pas les ressources en lui – en un renforcement de son égoïsme – comme un plutonien ou un saturnien. Il n'a pas non plus l'inventivité d'un uranien qui lui permettrait de surmonter ses handicaps physiques – son vieillissement, principalement – par un tonus « électro-magnétique » et une confiance instinctive en l'avenir.

Un passage de Vénus sur un angle du thème accroît les dispositions de l'être à aimer et être aimé. Il donne de la grâce, du charme, quelque chose d'irrésistible dans l'attrait qu'il exerce sur son prochain. Il assouplit les relations rigides, incite au compromis, au partage, à la concertation, au dialogue et aux transactions amiables. Au contraire, un aspect de tension peut geler ou figer les positions un peu radicales – mais pas les aggraver – rendre un peu morose, tempérer les inclinations amoureuses, retarder une décision de nature émotionnelle et affective, plus généralement, refroidir les associations comme les unions. Pas bien longtemps, heureusement.

Les spécimens humains qui séduisent un vénusien appartiennent à toutes les catégories : jupitériens (bien sûr), solaires (évidemment), vénusiens (cela va de soi), mais aussi les réputés difficiles : la trilogie « caractérielle » des saturniens-uraniens-plutoniens, ainsi que ceux qui échappent à tout contrôle et à tout engagement, à tout lien, comme les mercuriens, les neptuniens et les lunaires.

Ceux qui résistent à la fantastique puissance aimante du vénusien :
- les martiens avec leurs coups de tête malhabiles, irrationnels et rebelles.

Dominante martienne

Le martien est une sorte de monstre du Loch Ness piaffant qui surgit brusquement hors de l'eau pour cracher trois ordres impétueux et se replonger dans son silence... sans branchies.
Curieusement, cet hyperactif n'est pas un grand bavard.
Il apparaît souvent comme un être réservé, calme, peu démonstratif. C'est seulement lorsque les circonstances appellent une intervention rigoureuse et rapide qu'il se dévoile : sa précision, sa puissance fulgurante, son rendement immédiat en font un homme (ou une femme) de terrain. Il n'est alors pas de problème qui n'ait sa solution. Il faut la trouver.
Pour ce faire, il déploie toute l'énergie dont il est capable afin de parvenir au maximum de résultat, au maximum de réalisation en un laps de temps minimal. Soumettez-lui vos misères, vos drames et vos malheurs (en langage télégraphique). Il aime venir en aide. Il a besoin de secourir ses semblables, c'est la seule chose qui lui donne pleinement l'impression d'exister. Surtout s'il y un un ennemi à vaincre.
Le martien est un belligérant dans l'âme ; il doit se trouver confronté à des opposants pour donner de lui-même. Sinon, il s'enlise dans l'indifférence et le nihilisme. Un martien confronté à une existence sans heurts, sans violence, sans tensions, sans défis, sans combats est un être condamné. Ses grandes luttes por-

tent sur les inégalités sociales, les progrès de la science, le dépistage et la guérison des maladies incurables, les injustices de famille et d'héritages. Il débite une longue tirade sous forme de soliloque – le martien n'a aucune idée de ce qu'est un échange de propos – puis il se tait pour laisser son interlocuteur parler. Sans l'écouter. Ensuite, il revient à son sujet, qu'il développe : c'est son avis qui importe. Et il le partage.

Il est souvent champion d'un sport original et dangereux (delta-plane, montgolfière, cascades) car le risque est une composante essentielle de l'instinct vital, pour le martien. On ne fait pas de plan pour le futur quand il faudrait tripler le nombre d'heures incluses dans le présent. Il considère les relations comme un corps à corps d'où l'un des participants doit sortir vainqueur. S'il est médecin, il s'acharne à vaincre la maladie. S'il est alcoolique, il s'obstine à vouloir terrasser l'ennemi en lui, au lieu de le considérer comme partie intégrante de lui-même et de s'arrêter, tout simplement. S'il fait partie d'un comité d'entreprise, il reprendra les réformes patronales pour les démolir au lieu de transmettre de nouvelles propositions. Il vit dans un monde duel, au sein duquel il doit nécessairement y avoir une partie qui a tort et une qui a raison, un individu à exclure et l'autre à imposer, etc. Rien ne se fait dans l'entente et la conciliation, car, dans l'esprit d'un martien, ça n'existe pas.

Si l'on aime le noir – ou le rouge – on doit forcément chasser le blanc. Si l'on soutient l'équipe de Saint-Etienne on ne peut que mépriser et haïr leurs adversaires. Si l'on croit en la démocratie, on s'interdit de frayer avec des ressortissants de pays totalitaires et ainsi de suite. C'est épuisant pour ceux qui n'ont pas sa nature et tous ceux qui l'entourent.

Le passage de Mars sur un angle ou sur un amas planétaire accroît le bagage combatif de l'individu. Il lui donne vigueur, tonus, le goût de pratiquer des sports ou d'apprendre les arts « martiaux ». Il le dispose à affronter la réalité, à déployer son énergie avec obstination en vue d'atteindre ses buts, à ne pas se laisser vaincre par l'adversité.

Un transit conflictuel sur le thème de naissance d'un natif peut le conduire à épuiser ses forces en exagérant ses actions, en leur donnant une tournure guerrière, en conquérant sans être capable de garder ce qui est conquis. C'est pourquoi la faiblesse du martien type est le manque de persévérance et tous ses corollaires : impatience, trop grande rapidité de jugement, impulsion bagarreuse plutôt que tempérance et longueur de temps. L'autre versant problématique du martien est son goût du risque qui le fait se disperser dans des actions d'éclat sans lendemain.

Ceux que le martien recherche avec prédilection sont :
- les êtres de mesure, de sagesse, de pondération ; autrement dit les saturniens, que leur distante froideur impressionne ;
- les individus qui, pour des raisons diverses, n'ont pas grand besoin des autres, savoir : les uraniens, vivant dans leur sphère, toujours en quête de progrès intérieur ou cosmique et puissamment centrés sur leurs inventions ;
- les solaires qui le conditionnent par leur puissant rayonnement, leur grâce volontaire, leur vitalité persuasive.

Ceux qui sont puissamment attirés par les martiens sont :
- les vénusiens, leurs opposés : ils se nourrissent de leurs actes valeureux et leur inspirent d'ardents sentiments ;
- les plutoniens, si secrets, si tourmentés, si violents dans leurs attachements et leurs haines qu'ils ont besoin du comportement simple, sans nuance du martien pour les aider à passer aux actes ;
- les neptuniens : le courage et l'intrépidité martiens les fascinent et les stimulent bien qu'ils ne puissent rien partager en profondeur, leurs univers étant trop parallèles pour jamais se rencontrer.

Ceux qu'exclut le martien sont :
- les lunaires, trop lents, trop nonchalants, trop fragiles émotivement, et trop immatures ;
- les neptuniens, utopistes, idéalistes, souvent malades et presque toujours privés d'esprit concret, à ses yeux ;
- les vénusiens dont la lenteur, la faconde, la douceur peuvent exaspérer l'impatience martienne.

Dominante jupitérienne

L'individu né sous une dominante planétaire jupitérienne a le sens de l'expansion. Son domaine est la
chaleur, le rayonnement, la joie, l'enthousiasme. Il a
fait sienne la devise : « Ce qu'on comprend nous
appartient ». A vrai dire, c'est un glouton. De pays, de
langues, d'êtres, de découvertes, d'apprentissages, de
nouveautés. Voir, comprendre, exercer tous ses sens de
façon optimale, les aiguiser en vue d'une absorption
plus parfaite de son monde environnant, ainsi que des
créatures qui le composent, tant qu'à faire (le jupitérien aimerait s'approprier les choses qu'il goûte, les
incorporer), telle est la mission de ce grand optimiste.
Au contraire de l'uranien, qui a besoin d'expérimenter, en faisant fi de la morale, de la religion, des bien-
séances et du qu'en-dira-t-on, le jupitérien est
soucieux du bien public, de l'opinion d'autrui, respectueux des hiérarchies et des codes sociaux. A l'intérieur de ce cadre, rien ne résiste à son mouvement
rayonnant envers le monde : comment pourrait-il
échouer ? Il a trop confiance en lui-même – et en
l'autre, qu'il aime d'un amour tolérant, indulgent et
irrésistible – pour considérer une fin de non recevoir
comme un refus. Il revient à la charge, insiste, corrige,
s'amende, mais ne renonce pas à triompher de l'adversaire. Son inépuisable allégresse le sauve de situations
inextricables dans lesquelles il se plonge, grâce à son
innocence éblouie. Il s'ouvre aux expériences qui
s'offrent avec la candeur d'une fleur à la rosée du
matin. Il a le goût de l'entreprise, de l'engagement
loyal à une cause (que, de préférence, il dirige). Vous
le reconnaissez à ses yeux grand ouverts sur la Terre et
les Terriens, à une attitude d'ouverture, de générosité
et de bienveillance tenaces.
Il peut être trompé dans sa confiance, dupé dans ses
attachements, il n'est jamais vraiment découragé
d'agir comme il le fait. Même s'il lui arrive d'être déçu,
il balaie son dépit d'un grand rire salvateur. Au diable
les esprits chagrins ! Ce sont les autres qui ont tout à
perdre des déconvenues qu'ils lui infligent. Il ne pense
jamais – pas une demi-seconde – à se venger : il respecte trop l'homme, avec toutes ses imperfections et
ses handicaps. Et puis, la vengeance est faite pour les

gens désœuvrés. Lui n'a pas le temps. L'avenir l'appelle, avec tout ce qu'il a de beau, de bon, de pur, de bienfaiteur et de réjouissant.

Cela dit, il est trop soucieux des codes, conventions et traditions pour se couper de ses contemporains par des opinions trop personnelles ; et c'est ce que d'aucuns lui reprochent. Mais foin des âmes ratiocineuses : il préfère une conviviale cohabitation de rites à une rigueur trop stricte qui, selon lui, peut confiner au fanatisme intolérant, voire justicier.

Pourtant c'est un grand amoureux du code civil, un citoyen respectueux des principes, des lois et des coutumes de la société où il vit ; et jusque dans la plus profonde intimité avec lui-même, il n'aime pas désobéir. Sa nature est de se soumettre à des autorités supérieures, jusqu'à ce que vienne le moment pour lui de remplacer ladite autorité, de devenir, à son tour, *quelqu'un*. Là, il n'est pas ennemi d'une certaine solennité ; il accorde du temps et de l'importance à des « mises en scène » jugées ridicules par un uranien ou un plutonien, et il entend être respecté comme il a respecté les instances en place. Il se montre bon, bienveillant, bienfaiteur et bienheureux, même s'il peut lui arriver d'être grisé par le délire paternaliste que confère la puissance. Jupiter dominant dans un thème astrologique rend les personnalités puissamment attirantes. Elles explosent de dynamisme, d'humour, de vitalité, de passions et entraînent dans leur sillage une multitude d'individus. Les hommes et femmes politiques, les magistrats et ceux qui sont chargés de faire respecter les lois, les grands sportifs, les turfistes, les passionnés de nature, d'animaux (ils ont une tendresse particulière pour le cheval), les fous de forêt et de chasse, les grands éleveurs, les voyageurs infatigables et les religieux très épris de rituels ont souvent une forte dominante jupitérienne.

Un transit de Jupiter, sur un thème de même tonalité astrale et coïncidant avec des astres exaltés ou des maisons privilégiées dans le ciel de naissance, accroît les potentialités de l'être. Il se sentira porté par un souffle de grâce et comblé de bienfaits innombrables. Bien que l'obstruction l'entrave et que les empêchements ne fassent guère partie de l'existence d'un jupitérien, il bénéficiera de forces accrues à chaque passage de la planète pourpre sur un point angulaire de son thème (ascendant, milieu du ciel, descendant et fond du ciel). Même si sa trop grande confiance en lui lui fait courir le risque de rebuffades ou de camouflets sévères, il sait adopter toute opposition à bras ouverts et souvent la tourne à son avantage quand ce n'est pas en dérision.

Les personnalités qui s'emboîtent le plus idéalement au jupitérien sont :
- les vénusiens (Taureau, Balance), qui exaltent toutes ses qualités en gardant la mesure, ce qui n'est pas toujours le fort du jupitérien plutôt excessif, démesuré dans ses emballements ;
- les saturniens, pour des raisons opposées : leur rigueur, leur sentimentalité scientifiquement contrôlée, leur esprit critique qui refroidiraient un Himalaya, le stimulent ;
- les uraniens, qui disposent de ce privilège si particulier : l'inspiration, et qui bousculent les schémas ronflants du jupitérien. En outre, les uraniens sont à l'affût des idées, réalisations nouvelles ; ils innovent, inventent, en brouillant les conventions, ce qui éblouit le jupitérien ;
- les lunaires (Cancer) qui réfléchissent toutes les humeurs positives du jupitérien. Ils lui donneraient presque la nostalgie d'une maison, d'un foyer, et compensent sa fâcheuse propension à chercher de par le vaste monde un Graal qui se trouve en lui...

Les personnalités qui déconcertent un jupitérien sont :
- les mercuriens (Vierge, Gémeaux), légers comme des flocons d'écume, insouciants, volatils et parfois négligents, trop joueurs et frivoles pour plaire longtemps à ce grand sachem ;
- les solaires (Lion, ou tous ceux qui ont le même signe ascendant que le signe solaire) : aussi rayonnants que lui, voire davantage ; comment est-ce possible ?
- les plutoniens (Scorpion) : trop secrets, trop intimistes, à leur goût, trop attirés par la face sombre de l'existence, tourmentés par la mort ;
- les neptuniens (Poissons), utopistes et qui semblent si indifférents aux réalités terrestres ;
- les martiens, trop agressifs et compétiteurs.

Dominante saturnienne

Il faut savoir qu'une personnalité marquée par Saturne est en quelque sorte programmée pour la rupture. Elle ne trouve son identité, son véritable nom que dans le deni. L'opposition, la contradiction, les refus, la négation qui en découlent ne sont que les variations d'un même thème : s'assurer une autonomie totale afin d'éviter la souffrance. Or, comment vivre en autarcie ? Il faut apprendre le détachement. Acquérir la force de se passer de nourriture, de sommeil, de confort, d'argent, de loisirs et surtout d'autrui. Eviter la souffrance et grandir seul, arriver à parfaite maturation de toutes les potentialités qui sont offertes à celui qui veut réussir : tel est le credo du saturnien. Il est un inguérissable misanthrope.

On peut imaginer que, dans une vie prénatale, ou antérieure à celle-ci, dont il aurait gardé la mémoire, il a souffert de privation, d'échecs et de frustrations. Lesquelles ont laissé des cicatrices si profondes que dans cette existence terrestre, il s'est promis de ne plus avoir mal. De sorte qu'il s'isole. Il se coupe de son milieu social (en général pour s'élever), de sa famille, de ses racines. Non pour renier ses origines, mais parce qu'il refuse d'être déterminé par elles. L'orgueil, le désir de dominer le monde, d'acquérir la puissance, qui motivent l'âme saturnienne sont en fait le résultat d'un immense exil intérieur. Elle est orpheline de sentiments de confiance. Personne ne l'a aimée comme elle souhaitait être aimée. Personne ne lui a donné la quantité suffisante d'attention, de bienveillance, d'indulgence éperdue pour toutes les sales misères qu'elle a commises, ni la masse de pardon dont elle avait besoin pour être rachetée. Alors, elle a décidé de se payer elle-même au plus haut prix et, en quelque sorte, de se venger de n'avoir pas su inspirer l'immense déferlement de prodiges et de prodigalité qu'elle attendait. Comment se venge-t-elle ? Sur elle-même. Le mécanisme d'autopunition est très subtil, très raffiné et parfaitement au point. Personne ne s'en rend compte car elle déguise les faits sous des formules telles que : « j'avais envie de m'offrir une petite cure de chasteté », « un jeûne d'une semaine de temps en temps, ça vous rafraîchit les idées » ou « une année sabbatique en Somalie pour comprendre l'identité culturelle de ce peuple, c'était la moindre des choses ».

A part cela, le saturnien attend ; d'ailleurs il a le temps. Rien ne lui paraît plus vain que ce déploiement d'impatience, de fougue et d'agitation irréfléchi qui caractérise ses contemporains. Lui est mûr avant de naître. Pour réussir le parcours ultra-humain, para-divin ou semi-végétal qu'il s'est fixé, il concentre ses énergies. Pas de dépense (d'énergie, de paroles, de biens, d'affection) qui ne soit strictement gérée, méthodiquement investie en vue d'un dividende quelconque, d'un objectif à atteindre, même au futur. Il voit loin et sait combien les circonstances comme les êtres se retournent. Tel pauvre dénué de tout deviendra riche et puissant. Tel potentat sera renversé. Connaissant l'instabilité des choses et la nature changeante du sort humain, il suit son projet sans se laisser interrompre par des considérations éphémères.

Léonard de Vinci refusait de déjeuner avec son meilleur ami pour ne rien lui devoir. Telle est la nature saturnienne. C'est l'être d'une seule passion. Soit amoureuse (plus souvent chez les femmes) soit créatrice. Obtenir la domination de tout ce qui le rend fragile, autrement dit de son humanité, mobilise l'essentiel de ses forces. Maîtriser l'homme au-dedans et au-dehors. Maîtriser son corps, ses viscères, ses appétits. Et contrôler le plus d'individus, de la même façon qu'il s'astreint à une ascèse à chaque instant plus exigeante. Mao Tsé-Toung et Mireille Nègre, l'ex-danseuse étoile de l'Opéra devenue carmélite, sont des saturniens. Empire sur soi et discipline amènent ces êtres à exercer sur autrui un puissant (parfois écrasant) ascendant. Marc-Aurèle, bien que l'on n'ait pas d'informations assez précises sur sa naissance, eut un destin saturnien. Qui d'autre qu'un saturnien eût pu inventer le stoïcisme, souffrir en silence les infidélités de sa femme et écrire : « O mon âme, seras-tu jamais bonne, une, nue, plus visible que le corps qui t'entoure ? »

Un transit de Saturne sur une zone sensible d'un ciel de naissance saturnien accroît les forces dudit : endurance, volonté acharnée, sens politique de l'attente, du choix du bon moment, fidélité à ses valeurs, haute exigence vis-à-vis de soi-même, profondeur de vues, concentration sur des objectifs précis en vue d'une concrétisation magistrale (même si elle est lointaine) de ses efforts. Pas assez de complaisance, d'adaptabilité, de sens de l'humour. Un aspect ou des propos parfois revêches peuvent le transformer en un marginal fissuré d'amertume... Dans un thème astrologique dominé par Jupiter ou le Soleil, il peut apporter du découragement, une certaine tristesse, assaillir de doutes, retirer de la confiance en soi.

Les personnalités qui savent amadouer un saturnien sont elles-mêmes saturniennes, le plus souvent. Les saturniens s'attirent mutuellement (si l'on peut appeler attirance ce léger déclic de reconnaissance silencieuse, introvertie) et ils s'enferment dans leur donjon de granit pour développer leur nature érémitique ou accroître le potentiel scientifique ou religieux de l'humanité.

Il arrive qu'un vénusien puisse résister aux assauts destructeurs de la personnalité régie par Saturne. Il plante sa tente à l'intérieur du donjon et essaie en douce de farcir de kapok la paillasse conjugale. Mais saperlipopette, que de philosophie il faut avoir acquis pour tenir bon. Car le vénusien paraît trop aimable à ce grincheux, il est soupçonné d'accepter le compromis et cela ne convient pas à la nature profondément intègre, rigoriste, intransigeante de Saturne dominant. Les uraniens trouvent une porte entrouverte et une oreille disposée à les entendre chez l'homme Saturne, car ils ont cette caractéristique qui est une grâce à ses yeux : le talent. Mus par une inspiration quasi divine, les uraniens exécutent leur tâche (qu'il s'agisse de tenir un comptoir de banque, de réaliser un étalage dans une vitrine de magasin, d'éviscérer un agneau dans une boucherie ou de composer une musique séraphique) avec un don, un savoir-faire, une science et un art que personne ne leur a enseignés. Cela éblouit le saturnien qui doit tellement laborieusement s'exercer, pratiquer, se discipliner pour obtenir le plus anodin des résultats...

Vient enfin l'âme habitée par Pluton, dans l'ordre des tolérés par le saturnien. Pour la seule raison qu'elle regarde au-delà des apparences. Elle ne voit pas forcément ce qui se trame derrière les masques et les décors, mais elle cherche assidûment. Voilà un trait de nature à intéresser le prince des cimes glacées. Il leur arrive de s'associer un temps pour atteindre un objectif supranaturel (entrer en lévitation, ou en apnée, ou marcher sur les flots ou construire une ville vingt mille lieues sous les mers), mais la cohabitation ne doit pas déborder certaines limites temporelles. S'il s'agit d'un mariage, il devrait pouvoir être révisé, soumis à des amendements tous les cinq ans pour avoir une chance de perdurer.

Les personnalités qui sont froissées par le saturnien sont :
- les lunaires trop fatalistes devant les duretés que la vie leur inflige, changeants d'humeur parce que trop fragiles affectivement et suspects de trop de compromissions au sein de leur famille, de leur clan, de leur circonscription ou de leur patrie ;
- les mercuriens qu'il juge sans parole et qu'il jalouse en secret. Les êtres colorés par Mercure sont des as de la communication, d'habiles stratèges, de triomphants interfaces, de lumineux agents de liaison, toutes vertus qu'abhorrent les saturniens (ils considèrent ces traits comme des travers tout en reconnaissant qu'ils sont nécessaires dans « la société factice où nous vivons ») ;
- les neptuniens dont la foi en ce qu'ils ne voient pas irrite profondément le saturnien. De plus ils sont trop irrationnels, trop imaginatifs, trop immensément compatissants envers leurs semblables.

Ceux qui le laissent indifférent sont les solaires : où trouvent-ils toute cette lumière ?
Ceux qui le déconcertent sont les jupitériens. Leur intarissable générosité, leur indémontable assurance, leur bienveillance impossible à décourager le laissent sceptique et leur idéalisme l'irrite.

Dominante uranienne

Celui que « domine » Uranus est reconnaissable au premier coup d'œil : il est profondément imprévisible. Ses gestes (parfois brusques ou maladroits), ses paroles (idem), ses actes, ses projets, ses silences, ses apparences, son milieu social, ses goûts, tout est inclassable. L'uranien est intrinsèquement, instinctivement, délibérément, sauvagement : différent. Dans la démarche première qui consiste à détecter les mobiles des individus pour comprendre leurs actes, l'on est toujours déconcerté par l'uranien. Il n'est pas fondamentalement motivé par la réussite, bien qu'il ne conçoive pas la vie sans triomphes visibles, tangibles, sonnants et trébuchants. Il n'est pas homme d'argent, son indépendance lui paraissant plus précieuse que tout pactole financier. Il n'est pas déterminé par ses sentiments, alors qu'il œuvre souvent pour le bien d'autrui. Le jeu pour le jeu ne l'intéresse qu'un instant : cela ne vous donne aucune satisfaction de nature intellectuelle malgré les apparences. Il apprécie à l'occasion d'enseigner à son prochain deux ou trois choses qu'il a apprises de la vie, mais pas au point d'en faire un moteur de son existence. L'esthétique ? Oui. Mais pas au point d'en oublier le souffle qui l'anime. L'aventure, l'infatigable découverte de l'inconnu, du nouveau, de l'indéchiffrable, cela, assurément, vaut la peine de vivre, pour un uranien. Et aussi l'expérience. Il ne distingue ni bien ni mal : il fond ces notions surannées dans le grand mouvement de la Connaissance. Pour l'uranien, il est urgent de connaître le plus de choses possible sur la terre et au ciel. Or, pour connaître, il faut expérimenter, avec ses sens, son cœur, son intelligence : la douleur autant que la jouissance, la joie et la tristesse, la nuit et le jour, l'échec et la réussite. Car éprouver, c'est connaître. Connaître c'est comprendre. Et rien ne vous appartient, rien ne vous est acquis que ce que vous avez compris. Une leçon intégrée, c'est, aux yeux de l'uranien, le plus précieux des trésors, car elle ne s'use pas, ne se dévalue pas avec la mode et les âges. Comme il est impossible d'éprouver un sentiment, de développer une idée, de découvrir un être ou un lieu à une heure ou en une circonstance déterminée, l'uranien se veut totalement improgrammé. Nul plan, nulle prévision, aucun calcul ne peuvent être arrêtés dans l'existence d'un véritable uranien. Il doit toujours rester disponible à l'impromptu, l'imprévu, l'inconnu et il se saisit de l'occasion qui passe avec un sens de l'opportunité, une présence d'esprit goulus, quasi anthropophages. C'est un grand consommateur d'expériences nouvelles, de relations inhabituelles ou d'actions intempestives, inattendues, apparemment sans logique ou irrationnelles. Chez ce grand technicien (il devient rapidement spécialiste de tout ce qui a l'heur d'attirer son attention), la part d'inspiration et d'improvisation est immense. Il ne supporte ni la routine, ni les redites de la vie, ni les répétitions (dans les deux sens du terme). Il y a donc tout lieu de penser qu'il aime de la même façon qu'il travaille, mange, dort ou se prélasse : par brusques impulsions suivies de brèves périodes de repli. Comme le courant électrique fait d'impulsions alternées, il progresse par à-coups rapides, fulgurants, éclaboussants. Ensuite, il disparaît tout aussi inopinément pour reparaître, réagir quand on ne l'attendait plus.

Ceux qui ont quelque chance d'entrer dans le cœur de l'uranien :
- en priorité, les uraniens eux-mêmes pour les raisons sus-citées ;
- également, les mercuriens : ils s'attirent mutuellement par cet intense fonctionnement cérébral, ce qui-vive de l'esprit, bien que le mercurien demeure toujours dépendant des créations et de l'originalité de l'uranien ;
- les plutoniens seront intéressés un temps par les fulgurances, les trouvailles, l'irréductible anticonformisme de l'uranien. Mais cela ne dure qu'un temps. Ensuite, les plutoniens s'assombrissent du génie uranien et s'en écartent ;
- les lunaires, dont l'imagination intensifie et féconde sa propre virtuosité inventive ;
- les martiens qui le défient, le provoquent, le remettent en question ;
- les solaires qui l'encouragent, l'animent de leur propre feu sacré et qui savent surprendre, étonner, éblouir par leur goût de la perfection en toute entreprise.

Ceux qui peuvent le laisser indifférent :
- les vénusiens, trop enclins aux compromis, trop désireux de séduire et trop dépendants de ceux qu'ils aiment ;
- les neptuniens, décidément trop gloutons d'illusion et d'utopie « paresseuse » ;

- les saturniens, trop dogmatiques, verrouillés dans leurs principes, frustrés et jaloux.

Un voyage bénéfique d'Uranus dans un thème donne à l'individu l'inspiration de ce qu'il doit faire et de la façon dont il doit procéder pour réussir. Il est alimenté par une source énergétique nouvelle, d'ordre spirituel, qui le conduit là où il faut, au moment où il le faut et avec les personnes qu'il faut. C'est souvent les moments de « chance » inattendue, les bonheurs improvisés, les voyages ou les joies soudaines. Il peut y avoir aussi des coups de bambou, des exaltations affectives, des emballements de cœur et des feux d'artifices de récompenses apparemment imméritées. Dans les cas où Uranus forme un aspect assombrissant, l'individu se sent saisi de scrupules idiots, il manque soudain d'audace, laisse passer les occasions rêvées, hésite et délibère indéfiniment au lieu de passer à l'action, se sent prisonnier, donne de grandes ruades inutiles, bref, il y a une dépense d'énergie sans grand résultat. Ou des enthousiasmes émotionnels suivis de prises de conscience violemment nihilistes.

Dominante neptunienne

Celui (ou celle) qui a en Neptune sa maîtrise planétaire est une nature profondément contemplative, poète, détachée du monde matériel. Rien ne le lie à la Terre. C'est une âme errante, une âme libre, nomade. C'est le Fou du tarot, ou le vieux mendiant nu et dépourvu de tout qui arrête Arthur dans la légende du Graal et insiste pour lui offrir sa misérable cabane et son pain tombé du ciel, alors qu'il est lui-même affamé.

Le neptunien avance dans l'existence avec un esprit de renoncement non dépourvu d'humour. Ils sont de ceux qui se sacrifient car leurs souhaits à eux passent par ceux que leurs aimés expriment. Ils donnent souvent l'impression de ne pas avoir d'intention, de désirs d'aspiration personnels : c'est vrai. Ils sont animés d'un tel amour pour l'humanité que personne, hormis des neptuniens comme eux, ne peut comprendre leurs motivations, leurs mobiles dans l'existence, la folle gratuité de leurs actes apparemment dépourvus de logique. L'explication en est pourtant simple : leur logique est celle du cœur. Ils vont vers où l'on a besoin d'eux, incapables de programmer leur existence définitivement dévolue à l'aide et au secours de leur prochain. Ils captent si fort les besoins, la souffrance, le désarroi de leurs frères les humains qu'ils peuvent en perdre la raison. Atteints de ce qu'un psychologue appellerait du délire de compassion, débordés par la douleur des êtres et leur impuissance à les en extraire, ils glissent vers des actes expiatoires, se montrant définitivement trop idéalistes pour leurs contemporains. Très fragiles devant l'immense détresse de l'humanité, ils peuvent sombrer dans la dépression. D'où leur attirance pour les drogues, les alcools, les « remèdes » et autres substituts de mirages qui leur brouillent la vue de ce qui est trop insupportable. Soumis à rude épreuve par leurs facultés médiumniques, ils peuvent être paralysés par leurs visions, terrorisés par toutes les voix qui les appellent et que les autres n'entendent pas. Les neptuniens perçoivent les courants de l'univers par leur sixième sens et leurs chakras, plus qu'ils ne se servent de leurs cinq sens, trop rudimentaires, limités, comme une radio sans antenne. Aussi ne parviennent-ils pas à être compris et ne le cherchent-ils pas non plus. Van Gogh illustre à la perfection le destin neptunien ; sa vocation religieuse contrariée par un élan profondément créateur, il fut la proie de courants contradictoires qui lui ôtaient la force de croire en lui. L'artiste était trop inspiré, trop étrange et différent pour emporter l'adhésion du « monde », le contemplatif éprouvait trop de douleur devant les misères de la Création pour être illuminé par la Vérité christique.

L'individu construit sous les auspices de Neptune justifie la culpabilité qu'il a d'exister en donnant. En se donnant, en s'offrant, en sacrifiant toute sa pulsion vitale. C'est celui qui choisit de livrer sa vie, son énergie et ses biens à la cause qu'il soutient, ou celui qui se laisse noyer par la marée, préférant la mort qui le délivrera d'un amour impossible, tel le Gilliath des *Travailleurs de la mer*, de Victor Hugo. Profondément imprégné de non-violence, le neptunien est capable d'actes contre nature pour sauver les autres. Une Simone Veil ou un Pierre Brossolette furent neptuniens dans leur héroïsme sacrificiel. Sans ego délimité, personnalité toute de douceur, de fusion, de silencieuse compassion, le neptunien se fond dans le désir d'un groupe, d'un pays, d'une communauté religieuse ou d'un idéal de fraternité au service duquel il se met, corps, âme et biens.

Grâce aux êtres élus par la planète Neptune pour les représenter, l'humanité avance en don de soi, en élan vers son prochain, en amour gratuit, en miséricorde, en pardon et en rédemption. Grâce aux moines et moniales en prière, à ceux qui choisissent le célibat, les actions bénévoles, les obscures missions de service, le renoncement à certaines gratifications et récompenses honorifiques, grâce à ceux qui choisissent ou acceptent d'être oubliés dans le monde d'en-bas, la lumière se fraie un chemin depuis le ciel jusqu'ici. Les courants d'amour insaisissables et invisibles que l'on ressent parfois et qui nous pénètrent nous font comprendre de quel aliment diaphane, immatériel se nourrissent les neptuniens.

Les transits de Neptune (planète lente) sur un angle ou une région sensible du thème d'un neptunien exalteront ses tendances à créer par l'image ou la peinture, à exalter un idéal (quitte à en mourir, comme le grand résistant Brossolette, fortement neptunien) à se « bercer » d'illusion, diront parfois ses contemporains : on a pu voir les beaux fruits que son « illusion » a engendrés chez un Jean-Sébastien Bach, un Vinci mystique, un Chopin à l'œuvre enchantée, un Victor Hugo aux vers immortels, un Charles de Foucauld se perdant aux confins du désert algérien, un Mallarmé, symboliste virtuose. Ou, plus récemment, chez un fou de musique et de mots, Boris Vian... Certes, il leur arrive de diffuser un certain flou, une certaine confusion, voire de l'irréalité aux projets, aux objectifs et aux actions du natif. Car Neptune aiguise les penchants altruistes, donne une perception des ondes et courants invisibles, des auras qui nous environnent et fait naître les vocations artistiques puissantes, ainsi que des tendances religieuses, ascétiques, monastiques ou contemplatives.

Ceux qui coïncident profondément avec les neptuniens sont :
- les jupitériens, parce qu'ils adhèrent à nombre de

leurs préoccupations, qu'ils épousent leurs idéaux, bien qu'ils aient des voies radicalement différentes pour parvenir à leurs fins ;

- les vénusiens, tellement tournés vers le bien-être de leurs semblables que, forcément, ils ne peuvent que chérir un des leurs, même si l'oubli de soi qui caractérise le tempérament Neptune lui fait négliger l'aspect esthétique du monde si précieux aux yeux des vénusiens.

- les lunaires trouvent en la personnalité neptunienne un terrain propice à l'expression de leur qui-vive sensible sensoriel et à leur hyper-émotivité affective bien que leur immobilisme protectionniste, leur besoin d'isolement et de solitude les empêchent de communier longtemps avec eux.

- les mercuriens communiquent bien en surface avec ces frères emplis d'idéal. Et ils comprennent leurs mobiles. Ils sont aussi capables de les aider à les diffuser, à répandre leurs idées. Mais ils s'engagent difficilement sur les mêmes voies et s'ils le font, c'est par amour (ou par amitié), mais non par identité d'objectifs.

Ceux qui froissent un neptunien sont des natifs ayant un sens de l'individualité prononcé : outre les saturniens dont on a déjà parlé, les uraniens ont des problèmes relationnels avec les gens de Neptune. Ils veulent mettre la Création tout entière au service de l'Homme alors que Neptune aurait tendance à assujettir l'homme à son idéal, à sa cause.

Les martiens, les solaires et les plutoniens sont également déstabilisés voire impressionnés par les valeurs et les conditions de vie du neptunien. Comme ils ne peuvent ni le comprendre ni l'approuver ni l'admirer, ils se contentent de cohabiter – le plus loin possible – avec cette race d'olibrius exotiques qu'ils protègent parfois avec bienveillance.

Dominante plutonienne

Dès son premier souffle, le plutonien est hanté par la mort. C'est un être à cauchemars, à hantises, à phobies, en perpétuel drame émotionnel. Bouleversé par ses pulsions sexuelles intenses, aussi fortes que son instinct de destruction, qui menacent de le déborder, il cherche à les dominer par des voies créatives. Comment dénouer ces cordes puissantes qui le piègent, l'enserrent, l'étreignent ? Il est cerné par le mal, le vice, la chair auxquels il est plus sensible que les autres. (Forcément, puisqu'il est obsédé par eux.) Sa carcasse faillible, prise dans un maelström de passions contradictoires, se sent très vite étranglée par l'angoisse. Il perçoit un univers de ténèbres, de catacombes, où des êtres de l'au-delà, de l'invisible le supplient, hurlent, le culpabilisent et le réveillent au milieu de la nuit.

Si les autres le prennent pour un fou, c'est qu'ils ne sont pas plutoniens. Ceux qui font partie de cette confrérie pensent que le Mal à l'état pur existe. Qu'il peut attaquer à tout instant, et prendre possession des âmes sans défense. C'est pourquoi le sommeil du plutonien est perturbé. Il se terre dans le secret. Coupable de vivre dans ce monde que les morts hantent, il se lance dans une course effrénée contre l'Adversaire pour surmonter, par tous les moyens, cette phobie qui le piège : perdre la vie. Pour ce faire, tous les moyens sont bons : gagner beaucoup d'argent (l'or ne permet-il pas de dominer le monde matériel ?), approfondir ses connaissances, se hisser au faîte de la gloire (avec le vain espoir de ne plus être persécuté par les ténèbres) ou aspirer à l'immortalité et à la Lumière divines. Tout plutôt que de traverser cet insondable purgatoire, cette douleur, ce déchirement devant la Connaissance du Bien et du Mal. Les plus insupportables tortures infligées par les hommes ne sont rien comparées à celles qu'il endure dans le secret de son cœur et de son corps. Il est prêt à traverser un tapis de braises ardentes, les pieds nus, à chercher dans le désert des pierres où se blesser, à s'affronter aux démons des mages noirs pour échapper à ses tourments intérieurs. S'il semble animé d'une énergie différente, surnaturelle, dormant moins de temps qu'une chauve-souris, se nourrissant à peine et seulement de fèves et de gruau, c'est qu'il capte des fluides mystérieux, acquiert des pouvoirs occultes, boucliers nécessaires pour lutter contre Satan, son plus intime ennemi. Mi-sorcier, mi-alchimiste, c'est un être de silence et de secret, qui apprend à manipuler autrui à volonté. Sa pensée profonde, sa capacité de concentration combinée à de puissantes émotions lui confèrent un étrange ascendant sur les autres. Tel un météore sombre, il déchire votre espace, transmutant par sa présence la paix des lieux. Tourmenté, traqué par d'invisibles bourreaux, il entreprend sur ses « victimes » une fouille psychique digne de l'Inquisition, destinée à le rendre maître des cerveaux et des corps. Il ne procède pas comme le commun des mortels : son langage passe par des ondes. Il interroge de façon vibratoire, et communique ses désirs à travers des messages indétectables, qui ressemblent à des ultrasons. Pluton rend apte à rechercher la mort initiatique – alchimique ou réelle – avec une sorte d'anxiété avide, comme s'il faisait une répétition générale de la mort qui l'attend, lui, plus impatiemment que tout autre. Il apparaît le plus souvent comme quelqu'un d'autodestructeur – avec le corollaire de cette tendance : le besoin, la pulsion de détruire. Et s'il ne l'est pas, c'est qu'il a rencontré Dieu, l'au-delà, et qu'il a perçu, à travers la nuit qui l'étreint, un espace qui n'est plus que lumière. Outre ces caractéristiques, on reconnaît le plutonien à sa fortune, ou à la profusion de sa richesse créative, ou à ses exceptionnels dons de guérisseur, de médecin, de psychanalyste, de magiste. Qu'il en gagne des montagnes ou qu'il vive en perpétuelle dèche, l'or – le dieu argent – constitue pour lui une source de problèmes. Peut-être a-t-il l'obscure conviction que l'or seul peut lui donner la maîtrise du monde visible ? Qu'il peut le garder de la mort ? Lui assurer une emprise sur la matière, emprise que ni la terre, ni les maisons, ni les possessions mobilières ne lui fournissent ? Comment accéder à l'immortalité, se demande-t-il, s'il n'a pas, auparavant, confronté sa chair périssable à celle de ses semblables, s'il ne s'est pas constitué une identité dans le monde d'en-bas ? Il lui faut s'assurer contre l'insupportable mutabilité des hommes, de leurs sentiments, de leurs acquis. Peut-être pour ne jamais « manquer », le plutonien ne s'ancre jamais nulle part, c'est un nomade de l'âme, refusant de prendre racine. Ses terres sont intérieures. Il y a souvent des tragédies secrètes dans sa vie – amours déchirées, morts d'êtres passionnément aimés, ou perte de réputation, de crédit – qui semblent placées sur sa route pour lui enseigner le détachement. Sarah Bernhardt, Picasso,

Camus, Grace de Monaco, Jean Seberg, Gandhi, Indira Gandhi, Malraux qui perdit Josette Clotis et ses deux fils sont tous des plutoniens marqués par la tragédie. D'autres ont su échapper à la souffrance à travers la création ou le renoncement, tels Dostoïevski, le père de Foucauld, Albert Schweitzer, la danseuse étoile Mireille Nègre, devenue carmélite.

Un passage de Pluton sur un lieu privilégié du thème astrologique approfondit l'intensité de ses émotions et la richesse de ses créations. Il peut faire, sous ces influences, des rencontres prédestinées, élaborer des œuvres d'une exceptionnelle richesse, ou vivre un amour prédestiné. Ou encore, opter pour un retrait du monde, une sorte d'ascèse mystique qui le délivre de ses hantises et lui donne la paix.

Dans un thème solaire ou vénusien, un séjour de Pluton apporte des remises en questions fondamentales et des solutions inespérées. La révolte contre soi-même ou l'ordre établi apporte des modifications fondamentales, des transformations très souhaitables et décide de changements dans les événements qui entourent le sujet, ainsi que d'accomplissements dont personne ne l'aurait cru capable. Dans tous les cas de figure, il s'agit d'une période importante, cruciale, même, qui conduit à une véritable renaissance de l'individu, une restructuration de sa personnalité et de ses objectifs.

Les tempéraments qui s'accommodent bien du plutonien sont :
- les lunaires, dont la sensibilité aux courants psychiques et la malléabilité absorbent les tourments du plutoniens et l'apaisent ;
- les saturniens qui partagent son goût de la retraite et du pouvoir, ses aspirations métaphysiques, même si l'ascétisme et le dénuement volontaire des premiers contrarie l'avidité sexuelle et le luxe du second ;
- les vénusiens, si gracieux, aimables, aimants, qui construisent un pont-levis entre le plutonien et l'univers environnant.

Les caractères qui demeurent réfractaires au charme noir du plutonien sont :
- les mercuriens, trop légers, adaptés, dépendants des modes, de leurs humeurs, et trop amoureux des émo-

tions factices, des distractions légères, des divertissements, pour comprendre les sombres dispositions du plutonien, ses silences, ses hantises tacites, ses angoisses et ses tourments secrets ;
- les solaires, exposés au midi, à l'extase des sunlights : ils vivent leurs émotions, leurs projets, leurs désirs de façon si claire, si lumineuse, si communicative qu'ils ne peuvent comprendre les ténèbres plutoniennes ;
- les uraniens, dont l'altruisme impatient, la fébrilité inventive, les secousses imprévisibles exaspèrent la profondeur inquiète du plutonien, qui garde la mémoire de vies, de siècles et de civilisations préhistoriques.

Ceux que le plutonien n'ébranle pas sont :
- les jupitériens, si rayonnants, si confiants dans la vie et leur bonne étoile qu'ils ne perçoivent pas les fêlures et les drames du plutonien ;
- les martiens, trop impétueux, hyperactifs et combatifs pour apercevoir ce qui se trame dans les entrailles de leur interlocuteur ;
- les neptuniens, trop passifs, contemplatifs et mystiques comparés aux vocations passionnées, à l'ardente action d'un plutonien.

Les planètes dans les signes

Chaque planète symbolise une attitude et un domaine particulier de la vie d'un individu. Outre les luminaires (Soleil et Lune) qui donnent, avec l'ascendant, l'aspect sensible extérieur, physique et émotionnel de l'individu, huit planètes exercent leur influence sur la psyché humaine. Les planètes rapides (Vénus, Mercure, Mars) indiquent des tendances superficielles de l'être. Les planètes lentes (Jupiter, Saturne, Uranus, Neptune et Pluton) vont déterminer des caractéristiques plus profondes, parfois enracinées dans le subconscient de toute une génération, c'est le cas pour Neptune et Pluton.

Le Soleil dans les signes

Soleil en Bélier
Confiance, ardeur, goût de l'entreprise, intrépidité.

Soleil en Taureau
Charme, possessivité, tempérament travailleur, fidèle, ténacité.

Soleil en Gémeaux
Intelligence, sens de la communication, des contacts, spiritualité, humour.

Soleil en Cancer
Sensibilité, imagination, tendresse, goût de l'intimité, bienveillance.

Soleil en Lion
Générosité, magnanimité, esthétisme, élégance.

Soleil en Vierge
Sens de l'analyse, de l'économie, subtilité, discrétion.

Soleil en Balance
Besoin d'harmonie, de beauté ; raffinement, séduction, douceur.

Soleil en Scorpion
Sensualité, tempérament passionné, goût de la tragédie, créativité.

Soleil en Sagittaire
Enthousiasme, foi en soi, optimisme, besoin d'aventure, ferveur.

Soleil en Capricorne
Profondeur, ambition, fidélité, persévérance, besoin de domination.

Soleil en Verseau
Recherche de la vérité, amour altruiste, brusquerie, tendance solitaire.

Soleil en Poissons
Besoin d'aimer dans la souffrance, sensibilité artistique, exaltation des émotions.

La Lune dans les signes

La Lune gouverne le signe du Cancer. Elle joue un rôle primordial sur le psychisme de l'être, ses pensées secrètes, ses désirs et ses dons créateurs. Elle indique chez la femme ses dispositions à être mère, le type de foyer dont elle est issue, celui qu'elle créera, et chez l'homme, l'image de la femme qu'il recherche. Elle est considérée comme un « luminaire », au même titre que le Soleil et elle détermine, parfois plus fort que le signe solaire ou l'ascendant, le comportement de l'être (surtout celui de la femme, et de la femme Cancer).

La Lune en Bélier
Cette position de la Lune n'est pas des plus confortables. Elle fait le même genre d'effet que Mars en

Cancer : ces deux éléments sont relativement difficiles à concilier parce que de nature incompatible. La Lune signale la face féminine cachée de tout individu, homme ou femme. Ce luminaire dans un signe éminemment belliqueux et combatif, traité de viril par les astrologues, étouffe, éteint, culpabilise les manifestations de « leadership » chez une femme. Il la rend exagérément introvertie, inhibée, avec de brusques flambées de révolte, au cours desquelles elle extériorise sa vraie nature : virile, pionnière, courageuse, entreprenante et indomptable. Puis, à la première correction, au premier camouflet, elle retombe dans sa léthargie inquiète et ombrageuse, exagérément scrupuleuse puis agressive à contre-temps. Si elle n'entreprend pas des études de psychologie ou ne s'adonne à une discipline favorisant une meilleure connaissance de soi, la native dotée de la Lune en Bélier sombre dans le militantisme social ou le féminisme revendicateur sans s'épanouir, sans développer ses puissants potentiels de meneuse, de « tribun » capable de haranguer les foules, de les entraîner et de les convaincre de la justesse de sa cause. Chez un homme, la Lune en Bélier fait rechercher une femme moralement forte, sportive, adepte de l'action sociale ou du militantisme, ou encore un être possédant un certain charisme mystique, une vocation à caractère mystique ou religieux.

Lune en Taureau

Chez une femme, cette Lune lui confère beauté, féminité, amour d'autrui. Elle donne les caractéristiques de la femme Taureau, désir de réussir, de posséder très jeune une maison, une terre, des meubles ou une affaire à elle. Son désir aussi de plaire, de séduire peut prendre des proportions excessives, surtout dans sa jeunesse. Elle aime d'amour (possessif) son foyer, ses enfants et réussit dans sa jeunesse, sans difficulté, ce que les Capricornes arrivent à réaliser après beaucoup d'efforts, souvent après trente ans. Il y a chez ces natives un grand amour de la nature, des plantes, des animaux, mais surtout des êtres humains, qui les fait opter pour des métiers de service et de conseil. Chez l'homme, une recherche de la femme sensuelle et charnelle, plus mère, casanière et voluptueuse que travailleuse.

Lune en Gémeaux

C'est une Lune d'intellectuelle, de chercheuse, de journaliste, avide d'informations, de nouveautés, de lectures, de mode, de colifichets, d'échanges et de communication. Chez une femme, cette Lune peut donner une tendance à la frivolité, à l'instabilité émotionnelle, à l'éparpillement. Une difficulté à s'assagir, à prendre des responsabilités (surtout familiales), à exploiter autrement qu'en dilettante ses multiples dons. Chez un homme, cette Lune donne une tendance à l'éparpillement mental, mais les dons de communication sont virtuoses et supérieurs. Il recherche une femme cérébrale, intelligente, cultivée, chic et très à la mode plutôt qu'une mère ou une passionnée.

Lune en Cancer

Elle est là à sa plus grande aise, en signe complice, aimant, réconfortant. Elle confère une douceur et un puissant magnétisme secret, des talents artistiques et une sensibilité à fleur de peau. La personne dotée de la Lune-Cancer a une force cachée, qui réside souvent dans l'amour dont elle a été gavée durant sa toute petite enfance. Amour qu'elle saura redistribuer lorsqu'elle deviendra parent à son tour. Elle peut d'ailleurs se laisser absorber par cette fonction, au détriment de toutes les autres, y compris sa vie de couple et ses dons créateurs. Sa grande victoire sera de parvenir à équilibrer ses pulsions émotionnelles, de telle sorte que ses enfants ne soient pas couvés, surprotégés, et qu'elle-même ne sacrifie pas ses potentiels exceptionnels en leur faveur exclusive ! Elle a du mal à communiquer avec les autres : de nature sauvage, elle ne se sent à l'aise que chez elle, auprès de ses appuis fidèles – ses proches parents, frères, sœurs, cousins –, et développe des amitiés intimes, passionnées, exclusives (à l'excès ?).

Lune en Lion

Il y a souvent chez la femme une blessure liée à l'enfance et à l'image du père. Elle compense cela par un comportement indépendant, presque détaché, violemment « séparatiste », que son tempérament fier, courageux, loyal, vertueux, alimente. Le natif à la Lune-Lion présente généralement une belle stature, un maintien et un regard droits, des gestes et des pensées nobles, une réelle confiance en soi comme en autrui. Il aime et recherche des activités liées à l'art, à l'esthétique (le sport lui plaît, car il embellit le corps et développe la volonté), mais aussi des activités de mécène, de Pygmalion, de révélateur de talents. Enfin, il cherche à rayonner, culturellement ou par sa générosité, ce qui le met souvent en position de recevoir des titres honorifiques, mais pas toujours de vivre dans l'opulence, car l'argent ne l'intéresse guère. Son plus puissant moteur est le don de lui-même à une cause noble et de salut public (ou religieux), l'élévation d'autrui à travers des valeurs morales et spirituelles.

Lune en Vierge

Ici, la personnalité de l'individu est tournée vers l'analyse. Il peut s'agir de psychanalyse, d'introspection, d'interrogation fouillée de l'univers, d'enquête journalistique, de filatures (en profondeur, car cet être ne laisse rien au hasard, c'est un perfectionniste), de finances, de biologie, de professions paramédicales ou de médecine. Mais l'analyse y jouera un rôle dominant. Très scrupuleux, soucieux d'accomplir sa tâche à la perfection, cet être se montre à la limite de l'anxiété permanente, même si elle est inconsciente. Il consacre l'essentiel de son temps au travail, et, même s'il est capable d'un humour très vif dans l'observation et l'analyse de ses contemporains, il dramatise sa propre vie : croulant sous le labeur comme un mulet sous son chargement. A la fois dans sa profession et à son domicile, se chargeant de tâches ménagères, se dévouant à tout le monde, essayant de réparer ce qui se casse, ce qui s'abîme, se détériore, dans l'humeur de son entourage autant que dans la tuyauterie de la salle de bains, bref, un peu coupable de tout, justifiant son existence, aux dépens de loisirs, vacances et de détente. Très attachant.

Lune en Balance

Lune froide, s'il en est. Attirante par sa beauté physique, une certaine élégance, une vision assez humoristique (humour froid, lui aussi, pince-sans-rire) de l'univers et des créatures qui le composent. Mais distant. L'être peut être assez tenté par la multiplication des aventures et liaisons, car séduire reste la grande affaire de sa vie. Comme elle a la passion du couple, la personne se marie généralement tôt, et se livre à une infatigable entreprise de séduction de ses contemporains !... Après s'être assurée de la stabilité de son conjoint. Si elle n'est pas le parent idéal, cette créature est l'époux ou l'épouse presque parfait(e). Parce que ses petites fredaines n'ont guère d'importance à ses yeux ; et qu'elle privilégie tout de même par-dessus tout sa relation à l'autre, qu'elle considère comme l'être le plus important de son existence, celui qui donne sens et direction à sa vie. Un natif doté d'une Lune-Balance ne reste jamais seul(e) plus de quelques heures, c'est pourquoi les conjoints appelés à voyager doivent ménager de grands moments d'intimité s'ils veulent sauvegarder leur couple et garder leur précieuse moitié !

Lune en Scorpion

Passionnée. Ardente jusqu'à la consumption. Créatrice et angoissée : telle se présente la créature Lune-Scorpion. Elle ne vit rien à moitié. Tout ce qu'elle désire, tout ce qu'elle recherche, appelle, demande, espère, attend est vécu sur le mode « excessif ». (Aux yeux des autres, naturellement !) Ni demi-mesures, ni patience, ni égards. Impossible de composer avec les circonstances, d'attendre, de différer une scène (de ménage, de jalousie, d'amour) : « tout, tout de suite », voilà sa devise. Elle parvient à obtenir ce qu'elle veut, mais au prix d'une dépense énergétique considérable – c'est son arme secrète, son absolue supériorité : elle a une énergie quasi inhumaine – et souvent au prix de nombreux « cadavres » sacrifiés autour d'elle. Qu'ils soient symboliques n'en amoindrit pas la réalité : cette nature est fatale, par bien des aspects, et, quand on l'aime, ce qui arrive souvent, il faut savoir s'en protéger. Ou l'encourager à sublimer dans l'art ses pulsions esthétisantes.

Lune en Sagittaire

L'être a la foi. Il est confiant, il est fervent, il a le feu sacré. Il aime le monde et tous ses habitants, il goûte la vie, ses bienfaits, ses grâces, ses dons. En outre, il croit en la souveraine bonté de l'univers et de l'Homme. Il est donc rare que cet être soit soumis à l'épreuve, au sens où ce qui pourrait être cause de souffrance est rapidement traversé et transformé. Ainsi, son univers est peuplé d'anges bienveillants, d'êtres providentiels et consolateurs. Il voit tout de suite, dans une situation obscure, la lumière, dans un moment de tristesse l'espoir, et sa foi ne peut être ébranlée. C'est un être-talisman, il faut toujours avoir un natif Lune-Sagittaire dans son entourage immédiat, il porte bonheur. Ses talents s'exercent à l'envi, aussi bien dans son travail – où son sens de l'organisation, son respect des hiérarchies et son autorité font loi – que dans sa vie sociale où son sens des contacts humains, son ouverture d'esprit, sa bienveillance lui attirent toutes les faveurs et jusqu'aux plus hautes. Il est bon père et bon époux, quoiqu'il ne soit pas donné à la première venue d'être illuminée de sa lumière...

Lune en Capricorne

Les individus dotés de cette Lune-Capricorne ne sont pas toujours faciles. Exigeants jusqu'à l'ascèse, refusant tout compromis, ambitieux jusqu'au déséquilibre (au malaise intérieur), ils peuvent avoir un goût de la domination, du pouvoir, qui les inhibe, les fait passer à côté de dimensions importantes, d'ouvertures, d'opportunités et de chances. Ils se montrent volontiers hautains, discriminateurs : laissant entendre qu'ils n'ont pas de temps à perdre avec le menu fretin, des êtres moyens, ou dans des entreprises sans assise. Ils oublient parfois des choses élémentaires, par exemple que pour être grand, il faut avoir été petit, que pour réussir quelque chose d'imposant, il faut courir des risques, et composer avec des êtres humbles et modestes. Souvent maladroits dans l'expression de leurs sentiments, ils passent par des affres de délibérations morales lorsqu'ils doivent affronter les autres, composer avec leurs semblables, autrement que dans la discorde, le combat, la critique ou... la tyrannie ! Solitaires, ils disent souffrir de leur isolement, sans se rendre bien compte qu'ils rejettent inconsciemment leurs semblables, tout en prétendant les solliciter. Tout de même, ils ont leurs élus. A ceux-là, ils sont capables de se dévouer corps et âme, de les aimer et les suivre jusqu'à la mort. Ce qui ne les empêchera pas de les critiquer et de se brouiller régulièrement avec eux pour des vétilles. Ils ont souvent une vocation affirmée (pour l'autorité, la réussite, les sommets) qui les dispense d'une vie privée absorbante. S'ils convolent, ils le font tard, et avec grande circonspection. La grande affaire de leur vie demeure leur réussite sociale et professionnelle.

Lune en Verseau

Cette Lune donne des gens d'apparence très sociable, chaleureux, altruistes, complices. Ils ont, cependant, une face cachée : un besoin sauvage d'indépendance, d'autonomie, qui les fait rejeter leurs « victimes » (consentantes) aussi soudainement et brutalement qu'ils les avaient capturées dans leurs irrésistibles rêts. Il faut connaître le mécanisme immuable des porteurs de la Lune-Verseau (voir, aussi, la Dominante uranienne) : le natif apparaît en général comme un ange. Une beauté saisissante, surtout par le regard, les gestes, inquisiteurs et tendres, la voix caressante. Il vous submerge par son intelligence, son attention, l'intérêt qu'il vous porte. Puis, lorsqu'il sent que vous êtes captif de son charme, il lui faut s'échapper. Son secret ? C'est un infatigable explorateur de « spécimens » humains, curieux de tout ; il se passionne pour toutes les expériences, par conséquent, ne supporte aucune entrave à son appétit ! Adepte de l'union libre, compréhensif, tolérant, il se préoccupe profondément du bien-être de ses contemporains au détriment, parfois, des êtres les plus proches, ses parents, sœurs, frères, enfants, etc. Mais il réalise une œuvre originale, humaniste, et obtient du public une certaine consécration, même si c'est à un moment où il n'y attache plus d'importance...

Lune en Poissons

Tendres, profondément sentimentales, sensibles, ces personnes ont une puissance de compassion exemplaire. Aucune souffrance sur Terre n'est incomprise d'eux, ils n'assistent à aucune épreuve qu'ils ne puissent partager. Cette empathie profonde, cette compréhension leur donnent dès l'enfance une telle maturité que parfois, parvenues à l'âge adulte, elles semblent dotées d'une vieille âme. Mais cette faculté d'épouser la douleur du monde environnant est aussi source de décalage par rapport à lui. Ce natif peut facilement être pris comme victime, souffre-douleur d'êtres tyranniques ou abusifs, ou simplement rester incompris des gens qui lui sont le plus proches. C'est l'origine de ses tendances créatrices : au début, l'être se réfugie dans l'art, la création, plus pour trouver remède à ce sentiment d'incommunicabilité avec autrui que par pulsion instinctive, comme chez le Cancer ou le Scorpion. Mais il arrive qu'il y prenne goût, et s'abîme dans son univers imaginaire. Il choisit des professions qui le mettent en contact fusionnel avec les autres : médecine, enseignement, ou des professions liées à l'eau, ou encore, à l'image, aux sons, éléments privilégiés de la Lune-Poissons.

Il réussit à devenir célèbre, sans le faire exprès, souvent, parce qu'il sent intuitivement ce qu'attend le public. Il comprend son entourage, comme son époque, avec une rare subtilité, sait s'adapter aux autres.

Emotionnellement fragile, il doit apprendre à se protéger par des techniques de détachement telles que le yoga, la relaxation, la méditation.

Mercure dans les signes

Gouverneur du signe des Gémeaux et de la Vierge, il est l'astre des contacts, des dispositions intellectuelles, de l'univers mental. Il indique donc, dans un thème, les tendances du natif dans le domaine de la communication, sa faculté d'échanger des idées, de recevoir et de transmettre des informations. C'est la planète la plus rapide après la Lune. La Tradition la représente en jeune homme dont les pieds sont ailés, car il est le petit facteur des dieux. Sa fonction première est donc de servir d'intermédiaire dans la communication entre les gens. A un degré plus élevé, il se confond avec Hermès, l'instructeur, le guide intérieur qui permet d'accéder à la Connaissance, la Spiritualité. Le signe où il se trouve permet donc de définir la façon dont l'être coopère à son monde environnant à l'aide de paroles, d'actes, d'écrits ; il renseigne aussi sur sa plus ou moins grande faculté d'adaptation et son type de structure mentale.

Mercure en Bélier

C'est un Mercure militant, par excellence. Le natif adopte un point de vue totalement subjectif (parfois injuste), le défend de façon partiale, obstinée, sans chercher à connaître les autres avis, sans peser le pour et le contre. Idéal pour les avocats du diable, ceux des minorités opprimées, pour les causes perdues, qu'il gagne. Il est remarquable dans les débats, les actions politiques où une certaine partialité, obstination, et même « mauvaise foi » sont nécessaires.

Mercure en Taureau

Intelligence pragmatique. Sens du concret. Difficultés à laisser parler les autres, à écouter et à admettre leur point de vue. Donne une bonne capacité de travail, et un goût pour les réalisations tangibles, les contacts utiles, les relations qui peuvent servir les intérêts de la personne. La notion d'échange dans toute communication lui est nécessaire : elle ne conçoit pas d'acte ou de contact spontané, gratuit. Dans les études, il est bon d'orienter cet esprit vers des matières ou des valeurs « terriennes » : de la technique, de la construction, des montages financiers, de la gestion, du commerce, de l'aménagement d'espace, de l'art gastronomique ou de l'organisation de loisirs plutôt que des mathématiques pures ou de la philosophie.

Mercure en Gémeaux

Esprit vif, curieux, virtuose. Sa tendance à l'éclectisme peut être jugulée par l'apprentissage d'une certaine discipline. Sa facilité à comprendre et à maîtriser intellectuellement un nombre incalculable de notions, en fait un être aux opportunités privilégiées : son aisance, sa faconde spirituelle, sa culture encyclopédique, son vif intérêt pour les êtres et les langues, les contacts et la culture lui donnent une grande liberté de choix ainsi qu'une propension à s'éparpiller. Il lui faudra donc constamment se surveiller, opérer une synthèse, choisir ses centres d'intérêt et s'y tenir. A moins qu'il ne préfère demeurer un touche-à-tout amateur !

Mercure en Cancer

L'intelligence est profondément imaginative. Le natif fait preuve d'une grande subjectivité dans ses perceptions, d'une sensibilité et d'une subtilité dans ses contacts qui peuvent devenir une force. Il a le goût du romanesque, qui peut l'amener à devenir écrivain : et, s'il persévère dans la voie de la création, il peut obtenir de réels succès par ses écrits. Il est particulièrement passionné par le monde des enfants, l'histoire et le passé, à partir duquel il se façonne. Ce sont aussi des thèmes d'invention privilégiés pour lui.

Mercure en Lion

Tout le cerveau de ce natif est alimenté par le désir de créer et recréer. C'est un univers récréatif qui l'habite, où la beauté, l'art, l'esthétique jouent un rôle prioritaire. Son intelligence impérieuse s'oriente vers la réalisation de ses idées, avec une volonté, une assurance affirmées. L'être doute peu de ses talents et de ses capacités. Il faut dire que ses conceptions sont claires, que son goût de l'excellence et son énergie servent précieusement son ambition. En général, il atteint des buts plus élevés que sa condition de naissance ou ses aptitudes initiales le laissaient espérer. De plus, il exploite au maximum ses relations sociales, avec un instinct sûr de la valeur réelle des individus.

Mercure en Vierge

Ici, le natif est tourné vers l'analyse raffinée, la recherche fondamentale, l'accumulation et le classement méticuleux des connaissances. Il emmagasine une quantité impressionnante de données (sans chercher à en faire la synthèse). Son tempérament collectionneur le fait collecter les informations, qu'il stocke dans sa mémoire prodigieuse et qu'il est capable de restituer au quart de tour. Il a un sens aigu (presque maniaque !) du détail. Mais il peut lui manquer de cette aisance intuitive qu'a Mercure en Gémeaux. Sa mémoire, sa phénoménale capacité d'enregistrement lui donnent des dispositions pour les matières scientifiques. Il fait un brillant chercheur en médecine, biologie, intelligence artificielle.

Mercure en Balance

L'intelligence est aérienne, subtile, et pondérée. L'être ne tombe jamais dans le piège de la partialité. Il sait peser le pour et le contre, jauger les parties, mesurer ses jugements comme ses propos. Jamais critique, il a la faculté d'aborder tous les problèmes sans les affronter, de sorte que les solutions émergent toujours, quels que soient les obstacles, les difficultés rencontrées. Cette tendance de son esprit le pousse souvent vers le droit, la magistrature, les responsabilités d'arbitre et de juge, où ses qualités de législateur, temporisateur, de médiateur font des prodiges. Comme ce Mercure aime par-dessus tout le dialogue (à ses yeux, l'échange d'informations est plus important que de parler, c'est un homme d'écoute), il fait aussi un remarquable diplomate.

Mercure en Scorpion

C'est à un esprit lucide, percutant, avide, question-neur, pourquoyeur que nous avons affaire ici. L'intelli-gence est sélective, profonde, inclassable : ce qui intéresse ce natif, c'est d'enquêter, de déceler, de découvrir et éventuellement révéler ce qui était caché. C'est pourquoi il fait merveille dans la recherche médicale, la psychiatrie, la psychanalyse (où il excelle, même en amateur), la parapsychologie et le paranormal, la filature, les missions policières, le journalisme d'enquête. Très marginale, donc peu adap-tée aux études traditionnelles, cette personnalité réus-sit pourtant – de façon parfois secrète – dans les domaines qu'elle a entrepris d'explorer.

Mercure en Sagittaire

L'aventure, les voyages, la conquête des mondes est l'objectif premier de ce bipède éclairé : il goûte le commerce, comme les Gémeaux, mais aussi les grands débats d'idées, le mécénat, les échanges internatio-naux. Très doué pour les langues, il cherche à réduire les distances, les barrières, les frontières : aussi bien géographiques, économiques que mentales. Il réussit à travers l'étranger dans des domaines aussi divers que le tourisme, l'enseignement – de langues étrangères – les moyens de transport, le sport, la promotion de marques ou de noms.

Mercure en Capricorne

Il est froid, raisonneur, persévérant, méthodique. Il aime la connaissance, non seulement celle acquise par les études, mais celle qu'il acquiert par les lectures.

C'est sa détente favorite : la lecture. Très vite, il acquiert un savoir encyclopédique, dont il ne fait pas étalage, mais qu'il sait utiliser dès son adolescence pour *conduire* sa vie, dont il conçoit scientifiquement chaque étape. Ce Mercure rend l'individu perfectionniste, lui confère une mémoire phénoménale et vive, peu de goût pour les sujets superficiels, des aptitudes pour la philosophie, les concepts abstraits, l'histoire de l'humanité, la politique, enfin, où il excelle.

Mercure en Verseau

La planète de l'intelligence, des échanges, de la communication est ici spécialement à son aise dans le signe du Verseau, qui se tourne vers les découvertes du futur, la science, l'aérospatiale, la conquête de nouvelles technologies. Rapide, synthétique, avec des éclairs d'intuition fulgurante, ce bipède domine souvent son siècle par son avant-gardisme, son excentricité, ses traits de génie qui le rendent souvent incompris. Il apparaît comme quelqu'un de brusque, utilitariste, opportuniste et utopique. Il réussit à s'imposer dans les technologies nouvelles, l'informatique, la télématique, la télévision où son talent est reconnu et apprécié.

Mercure en Poissons

C'est le Mercure des poètes, des peintres, des romanciers visionnaires. Souvent flou, soumis à des impressions difficiles à transmettre par le langage, il a du mal à traduire ses perceptions presque médiumniques. Il n'a que l'art pour formuler ses sensations, si fortes qu'elles en deviennent incommunicables, sinon à travers l'œuvre qu'il crée. Une autre façon, aussi, pour ce Mercure, de transmettre l'exceptionnelle richesse de sa sensibilité est d'œuvrer pour une cause humanitaire, ou de répondre à une vocation de thérapeute, de soignant, de médecin : il y excelle par son don d'empathie, sa capacité à comprendre émotivement tous les drames de ses frères humains.

Vénus dans les signes

Gouverneur du signe du Taureau et de celui de la Balance, avec Saturne, Vénus donne un caractère facile, aimant, artiste. Comme on le sait, elle est aussi la planète de l'amour : moins l'amour physique que les sentiments amoureux, l'attitude émotionnelle du natif dans la vie. Sa position dans un thème astral permet donc de déterminer quelles tendances aura l'être en ce domaine.

Vénus en Bélier
Ardente, impétueuse, combative, intrépide, cette Vénus donne au natif des tendances brusques, dans ses comportements amoureux, une certaine impatience, un goût immodéré de la séduction qui se lasse dès que la conquête est assurée. Elle doit se raisonner si elle veut garder auprès d'elle son bien-aimé.

Vénus en Taureau
Cette Vénus donne des êtres amoureux, fidèles, tenaces, sensuels ; ils sont pleins de charme, de beauté, d'élégance, ils captivent et bouleversent par leur sex-appeal, leur élégance, leur don de séduction, leurs élans. S'ils sont généreux, ils ne perdent jamais le sens du confort et travaillent rudement pour obtenir ce qu'ils veulent (mariage, famille soudée, maison et terres). Leur possessivité et leur jalousie peut cependant assombrir le tableau de leur vie affective.

Vénus en Gémeaux
Légère, spirituelle, peu soucieuse de s'engager, ayant le goût de la conquête cérébrale et affective plus que physique, cette Vénus est capable d'amour profond, vrai, quand elle rencontre l'âme-jumelle annoncée par le signe double des Gémeaux : âme qu'elle attend en secret. Il y a souvent deux étapes distinctes dans sa vie amoureuse – l'une marquée par une profusion de flirts, l'autre par une grande fidélité, par exemple – et aussi deux mariages ou deux amours marquants. Sauf si elle est reliée à une dominante plutonienne, une Lune ou un ascendant Taureau, cette Vénus n'est pas très charnelle.

Vénus en Cancer

Orientée vers la famille, cette personnalité imaginative, vulnérable et contradictoire peut rester attachée à une image familiale qu'elle recherche toute sa vie à travers des personnages un peu fantômes. Si c'est une femme, elle cherche inconsciemment le père protecteur (voire grondeur et justicier !) en l'homme ; si c'est un homme, il quête la réplique de sa mère, d'une jeune tante ou de sa sœur aînée. De toute façon, l'amour du foyer, de la maison, des enfants prime sur l'amour du conjoint.

Vénus en Lion

Lumineuse, magnanime, généreuse, cette Vénus est plus à son aise chez un homme que chez une femme. Elle donne en effet des qualités « viriles », une grande franchise, de la loyauté, le besoin d'épreuves pour affirmer l'amour qu'on lui voue. Elle a besoin d'un être qu'elle puisse admirer sur tous les plans, qui la dépasse et lui donne envie de se dépasser. Foin de ces amours frelatées, hâtives, adultérines : la Vénus-Lion prône la fidélité jusqu'à la mort et même par-delà, si c'est donné aux trépassés ! Sauf manquement grave ou trahison, ses sentiments envers ceux qu'il aime sont partiaux, inconditionnels, bref, fidèles, à toute épreuve.

Vénus en Vierge

Le natif n'a pas une grande confiance en l'amour, et partant, en son prochain. Au demeurant, se fait-il confiance à lui-même ? Il cherche chez les êtres en passe de devenir des amis, des amours, le plus utile matériellement (celui qui sait réparer, coudre, repasser ou rapporter des intérêts, quels qu'ils soient), l'être aux sentiments sages et raisonnables, l'être vertueux et sans risques auquel sa nature pudique, farouche, pragmatique l'incline. Une fois son dévolu jeté, il lui est très serviable, secourable, dévoué. Sous ses dehors puritains, c'est un voluptueux aux ressources sensuelles insoupçonnables.

Vénus en Balance

C'est l'amour de l'harmonie, l'amour d'autrui, l'amour du couple qui prime, avec cette Vénus. Elle inspire la dépendance au sein de l'union, la douceur et la conciliation en cas de désaccord, la recherche d'un équilibre et d'une sérénité que seul l'échange mélodieux avec autrui peut lui apporter. La sensualité est très esthète, et très sensible aux variations du désir de l'autre.

Vénus en Scorpion

Ardeur sensuelle, puissance d'attrait, influence magnétique exercée sur autrui : tels sont les trois pôles orientant cette personnalité. Elle a une tendance à vivre ses aventures sentimentales de façon grave, angoissée, avec un sentiment parfois tragique, dû à une impression d'incommunicabilité. Elle se livre corps et âme à sa passion, au risque de la brûler.

Vénus en Sagittaire

Grande générosité : les sentiments sont forts, l'attachement enthousiaste, l'engagement durable. Le natif vit souvent un grand amour à l'étranger ou avec un étranger. Il a une fascination pour l'ailleurs. Il peut être amené à se marier deux fois.

Vénus en Capricorne

Une étrange disposition de l'âme donne au natif l'impression d'être coupé de son milieu d'origine. Il a le complexe de l'orphelin. D'où le sentiment d'isolement qu'il ressent, et aussi de perpétuelle frustration. Il arrive qu'un désir puissant de « revanche » sociale l'incline à aimer quelqu'un de plus « haut » que lui dans l'échelle sociale. Ce dont il peut souffrir. Peu démonstratif, il n'en éprouve pas moins des sentiments profonds et fidèles.

Vénus en Verseau

Altruisme, amitié, fidélité, idéalisme conduisent souvent ces natifs vers des êtres non possessifs, comme eux. Ils aiment plutôt l'autre pour son bonheur à lui, ce que le partenaire ne comprend pas toujours très bien. Il leur faut rencontrer quelqu'un qui comprenne ces sentiments altruistes et ne cherche pas la « possession » à tout prix, s'ils veulent être durablement heureux. Pour cette raison, ils sont le plus souvent adeptes de l'union libre.

Vénus en Poissons

Anxieuse, émotive, dépendante, cette nature déconcerte son (ou ses) amour par une capacité de fusion totale avec lui. Elle serait encline à perdre volontiers son identité dans cet amour, si d'autres éléments un peu égotistes n'interviennent pas. Elle peut avoir de grandes difficultés à choisir son conjoint, du fait de la confusion de ses sentiments. Ou opérer des choix étranges que les autres ne comprennent pas.

Mars dans les signes

Mars gouverne le signe du Bélier et celui du Scorpion, avec Pluton. Cela signifie qu'il joue un rôle prépondérant non seulement pour les gens nés sous le signe du Bélier, mais aussi pour ceux qui ont l'ascendant, la Lune ou un angle du thème (maison I, IV, VII ou X) occupés par le Bélier.

Mars joue un rôle déterminant dans le thème d'un Bélier, même s'il n'est pas situé dans le signe du Bélier. Par exemple, un Bélier ascendant Vierge avec Mars en Scorpion ressemblera beaucoup plus, dans son apparence et ses réactions, à un Vierge-Scorpion qu'à un Bélier. Dans un thème masculin, Mars symbolise ce qui touche à la sexualité, à la prise sur le monde matériel, à la santé et à la profession. Chez une femme, il désigne ses relations avec la sexualité masculine, son travail et sa santé.

Mars en Bélier

Donne un natif capable de coups de collier, impulsifs, rapides, efficaces... mais sans durée. Il faut donc se connaître et prévoir un emploi du temps en fonction de ces brusques ardeurs suivies d'aussi brusques chutes d'énergie. Dans le domaine des activités, il a le goût du sport, celui des conquêtes réputées difficiles (voire impossibles) et ce, dans les domaines les plus variés : il n'est pas de défis que le Bélier ne soit prêt à relever. En ce qui concerne les relations avec autrui, ce Mars donne des accès de brutale agressivité (perceptible par les mots, l'intonation, les gestes) mais ils ne durent pas et même si la faute est grave, le natif l'oublie. Sans rancune. Un Mars en aspect conflictuel avec la Lune ou l'ascendant Cancer peut traduire des désirs opposés entre l'amour de l'action, de l'aventure, sans feu ni lieu, et l'amour de la famille, du cocon familial, du foyer ou des enfants. Un mal-être intérieur, également, peut se signaler, une difficulté à exprimer ses émotions, sa tendresse, sa sensualité. D'où une vie affective qui débute tard et ne satisfait pas pleinement les aspirations muettes de l'être.

Mars en Taureau

C'est un Mars sensuel, dionysiaque, friand de possessions et de confort matériel. Il incline le natif à adopter des activités liées à la matière (peinture, menuiserie, poterie), à l'art (dessin, sculpture), à la beauté, à l'esthétique, à la décoration, en passant par les travaux manuels en rapport avec la mode, le pop'art, la médecine ou thérapie par les mains (massages), le toucher, la chirurgie plastique. Il permet de poursuivre ses desseins avec obstination, persévérance et beaucoup de lenteur. Sans se laisser détourner de ses propres visées, quelles que soient les dissuasions de l'entourage. Le natif est un réalisateur de longue haleine, peu attiré par le changement : trop possessif et jaloux de sa sécurité et de ses acquis. En aspect contrariant avec la Lune ou l'ascendant en Lion, il traduit un caractère qui s'emporte facilement et donne des conflits dans l'expression sociale : l'individu a du mal à se situer par rapport à certaines normes imposées par la société et son complexe social l'amène à critiquer, lutter ou rejeter lesdites valeurs tout en désirant en bénéficier. Il désigne, chez un homme, un grand appétit de biens, et une nature violemment possessive dans ses relations amoureuses. Chez une femme, un métier lié à l'art ou au toucher, et un homme qui soit violemment possessif et jaloux.

Mars en Gémeaux

L'activité de cette personne est très soumise à son système nerveux. C'est quelqu'un d'excessivement mobile, volubile, brillant et... fatigable. Ses goûts le portent vers les jeux sous toutes leurs formes. Jeux d'esprit, de société, jeux Olympiques, jeux d'adresse et jeux de mots. Son destin professionnel peut être double : soit il exerce deux activités distinctes, en même temps, tout au long de sa vie. Soit il change totalement de cap au milieu de sa vie. Soit encore, cette marque de « duplicité » (ou d'ubiquité interne) se traduit par deux engagements sensuels d'égale importance. La carrière de la personne est marquée par l'écrit, les travaux de l'esprit, l'enseignement, le jeu ou, en cas de signe solaire différent, peut être colorée des deux tendances. Ainsi, un Scorpion avec Mars en Gémeaux est amené à exercer à la fois un métier qui le met en contact avec les choses secrètes et le fait communiquer avec les autres : chercheur, écrivain, parapsychologue, mais aussi artisan potier, ingénieur des mines, spécialiste de communications ferroviaires, etc. Au carré de la Lune ou d'un ascendant Poissons, cet aspect peut provoquer de la confusion ou une certaine dispersion, voire du dilettantisme dans l'élaboration et la poursuite de ses désirs. Ou, à l'opposé, un excès de perfectionnisme, de scrupules ralentissant l'action.

Mars en Cancer

Douceur, nonchalance, imagination : ces trois caractéristiques inclinent le natif à choisir un métier lié à l'enfance, ou lié à ses dons d'imagination. De la scène (comédie, décors, marionnettes, clown, cirque) au contact direct avec la foule (stands de foires, commerces), les possibilités sont vastes. La mer, les océans sont aussi un des lieux privilégiés de Mars en Cancer : on trouve des navigateurs, des pêcheurs et des nageurs (maîtres ou pas) sous cette configuration astrologique. La restauration, la gastronomie et l'hôtellerie sont aussi des métiers prisés par le natif. Bien qu'il ait des affinités avec le grand public, c'est un sauvage, qui se sent souvent mieux avec des horaires marginaux pour vivre en ermite et se ressourcer. En aspect contrariant avec l'ascendant ou la Lune en Balance, le natif souffre de son besoin affamé d'aller vers les autres, de leur donner tout ce qu'il possède, et le désir de se retrancher sur son île, dans son monde imaginaire.

Mars en Lion

C'est une position des plus avantageuses pour cet astre courageux, plein d'orgueil et parfois belliqueux. Enfin, un signe grandiose, à sa mesure. Il a toute latitude dans cet abri de lumière et de feu pour élaborer ses somptueuses architectures, ses munificentes sculptures, ses créations magistrales tant dans le domaine des beaux-arts que dans celui de la musique, de l'écriture, du spectacle ou de la politique. C'est aussi la configuration de médecins de grande renommée, d'adeptes des sciences humaines, de psychologues des profondeurs et de versés en religions. On reconnaît ces natifs à leur prestance, ce quelque chose de triomphant et serein à la fois, dans leur attitude. La femme ayant Mars en Lion recherche un homme noble d'âme et généreux, protecteur et puissant. L'homme fréquente et recherche les femmes distinguées, exècre les masses, les sentiments communs comme la jalousie, l'envie, la médisance. En aspect contrariant avec la Lune ou l'ascendant Scorpion, il peut créer des conflits et des tourments liés à sa sexualité qu'il a du mal à dominer – et muselle parfois totalement. En aspect blessant par rapport à la Lune ou l'ascendant Taureau, il peut être tenté d'accumuler des expériences physiques, des conquêtes sans lendemain (le complexe de Don Juan).

Mars en Vierge

Intellectuel, méticuleux, perfectionniste : voilà les trois caractéristiques de ce Mars. Il s'attache à des travaux subalternes – par manque de confiance en soi – et se plaît dans des métiers de service où il aide et se sent utile : les infirmiers (ières), les médecins bénévoles, les serveurs, les adjoints auxiliaires ménagers présentent souvent Mars en Vierge. Mais son efficacité s'exerce aussi dans toutes les affaires pratiques, liées à la purification (des lieux, des aliments, des âmes). Les recherches médicales et paramédicales (les thérapies, analyses), la technologie l'attirent. Partout où peut s'exprimer son souci du détail, du minuscule miniaturisé (horlogerie), partout où il faut combiner des éléments, associer des connaissances, regrouper et sélectionner des informations, il est à son aise. Foin des théories, des concepts sans matière, sans objet (fût-ce un ordinateur). Il aime planter ses pensées dans des volumes concrets. Il est très nerveux, fatigable, anxieux, il se sous-estime souvent. Sa santé est soumise à ses tortures morales ; il est hanté par le bien et la peur de mal faire. Un homme nanti de Mars en Vierge est fidèle en amour, serviable, économe, parfois très puritain. Chez une femme, il lui fait rechercher un homme ayant ces qualités. En aspect dérangeant avec la Lune ou l'ascendant Sagittaire, il exagère les scrupules et l'humilité de l'être ou exerce une tyrannie sur son sens du devoir. Il donne aussi une boulimie de désirs impossibles à concrétiser.

Mars en Balance

C'est un Mars diplomate, soucieux de justice sociale, voire adepte du combat pour l'équité. Il est capable de dépenser beaucoup d'énergie et de temps pour soutenir et défendre une cause qu'il a décidée juste. C'est un avocat, un tribun né. Il aime faire triompher les causes dans la légalité. Il prend en considération le point de vue d'autrui et le respecte, sinon le comprend. C'est ce qui donne tant de force à ses plaidoyers. Il est fort par sa souplesse, la réversibilité de son jugement, la tolérance qu'il a des points de vue étrangers au sien. C'est le citoyen le plus respectueux des différences de tout le Zodiaque : différences entre races, religions, us, pratiques, habitudes. Il comprend et admet tous les antagonismes entre les êtres. Parfois, on assimile cette attitude neutre, refusant de juger, à de l'indifférence ou à une absence de convictions. C'est vrai que ce personnage est un sceptique, distant, adapté à tous les modes de vie, capable d'une réponse aimable en toutes circonstances. Cela ne l'empêche pas d'avoir ses croyances et ses certitudes.

En amour, l'être est doux, attentif, voire attentionné, tolérant, tout en ne faisant aucune démonstration de passion. Il aime la concertation et le dialogue dans tous les domaines. Il aime plus ce que l'autre désire et s'attache à l'exaucer au détriment de ses propres souhaits (sans en souffrir). Inutile de préciser que les femmes ayant ce trait distinctif s'attachent aux hommes farouchement élégants, soignés et beaux. Les hommes également. Ces natifs ne se donnent pas trop de mal dans l'existence et obtiennent sans difficulté (souvent par mariage) ce qu'ils voudraient de la vie.

En position contrariée avec la Lune ou l'ascendant Cancer, ce Mars donne des difficultés à résoudre des souffrances issues de l'enfance, d'où une insatisfaction dans le foyer, dans la relation de couple. Ces complexes risquent de se traduire aussi dans les apparences, avec un laisser-aller dans la mise et dans l'entretien de soi (tendances à s'empâter ou à trop maigrir, à laisser régner le désordre ou même une certaine malpropreté). La misanthropie, l'excès d'attachement à la mère (ou son éviction) font partie des comportements liés à cet aspect. Contrarié par une Lune ou un ascendant Capricorne, les difficultés concerneront plutôt l'affirmation et le statut du natif au sein de la société, ses ambitions professionnelles, son désir d'élévation et de pouvoir, d'emprise sur ses semblables.

Mars en Scorpion

C'est l'un des lieux les plus en accord avec Mars : ici, l'individu n'a aucun mal à exprimer son agressivité, il manifeste son emprise sur le monde avec force et ténacité. Il sait choisir le bon moment (au contraire du Mars en Bélier trop impulsif), demeure attentif au moment propice pour choisir les circonstances et lieux « d'attaque » : d'une entreprise, d'une conquête, d'un procès, etc. Il est créateur et généreux, actif sans excès, peu attiré par le sport (excepté s'il le décide par raison) et a besoin de courir des dangers graves, de se trouver dans des situations extrêmes, jusqu'au-boutistes pour se sentir, s'éprouver. Il choisit toujours de se confronter avec la mort, avec une énergie psychique d'une violence et d'une profondeur excessives. Ses professions sont souvent liées à ces pulsions de mort : chirurgie, médecine, recherche médicale, disciplines dans lesquelles il excelle, par son tempérament obstiné, sa concentration exceptionnelle. Mais on le voit aussi dans le monde de l'art, la peinture, le cinéma, le théâtre, où ses angoisses, ses tourments, ses pulsions de tragédie trouvent un exutoire. Il peut aussi se tourner vers le mysticisme. Là, ses prémonitions, ses perceptions médiumniques, ses pressentiments anormaux lui permettent de renaître, de rejaillir dans la lumière, de triompher des ténèbres (par les jeûnes, les autopunitions diverses, l'ascétisme). De toute façon, il est appelé, par ses forces psychiques, dans les mondes noirs, pour y faire rejaillir la lumière : or noir, banques, volcans, souterrains, grottes, tous les lieux où il est en contact avec les puissances mystérieuses de la mort, et de l'au-delà. De la « petite mort » aussi, dans laquelle, en donnant la vie, il peut exorciser ses hantises. Sa sensualité constitue le moteur de son existence (sauf si une dominante ou un aspect lourdement opposés entravent ce programme). Elle est très exigeante et se poursuit jusqu'à un âge avancé (pour les femmes aussi). Ces natifs sont capables de déployer une énergie, une volonté, un acharnement farouches pour conquérir les personnes qui, sexuellement, les captivent. Ils sont profonds dans leurs attachements physiques, même si, occasionnellement, ils sont infidèles.

En position inhibante avec la Lune ou l'ascendant Lion, ce Mars peut soulever des conflits graves, chez l'être, entre son appétit sexuel et sa volonté. Avec la Lune ou l'ascendant en Verseau, il complique sa relation au foyer, lui donnant le désir de se couper de son milieu d'origine, et plus tard, de rompre avec sa famille – celle qui l'a fait naître comme celle qu'il crée –, de refuser d'exprimer son humanisme et sa générosité. S'il ne se raisonne pas, par une démarche volontaire, il peut alors apparaître comme quelqu'un de cruel, froid, détaché, le destin Verseau l'inclinant à se retrancher des autres, à s'isoler dans une incommunicabilité de plus en plus profonde. Etre incompris, rejeté, exclu est alors le but recherché – inconsciemment – par le natif.

Mars en Sagittaire

C'est un idéaliste. L'appel du grand large, de l'aventure, des grands espaces le taraude dès l'âge de raison. Pour le faire un peu patienter, on lui propose des exploits sportifs (l'équitation et l'escrime sont ses privilégiés), des voyages imaginaires (en compagnie de Jules Verne), d'apprendre la musique ou plusieurs langues. Toutes choses qu'il accomplit en un temps record. Son but : amoindrir, en les combattant, les différences entre les hommes. Le natif ayant cette position de Mars dans son thème n'entreprend jamais de petites choses : il voit grand, ratisse large et a spontanément de l'envergure : il emporte tout et tout le monde dans son élan vers les autres, avec une préférence pour les métiers où il peut voyager aux confins de la Terre. Il s'occupe souvent de « causes » humanitaires, avec une équipe autour de lui pour exécuter ses plans (mais il se débrouille pour rester responsable de ses entreprises, même s'il passe son temps dans les avions, les gares ou les grosses voitures). Qu'il s'agisse d'élevage d'animaux, de protection de l'environnement, d'entreprises céréalières, d'une maison d'édition ou d'une agence de photos, il s'arrange pour être en contact avec la nature, et être utile à son prochain.

En amour ce natif très ardent aime conquérir. Pourtant, le mariage en tant qu'institution, engagement, a une grande importance pour lui. Il choisit le bon moment, souvent la cérémonie religieuse est plus significative à ses yeux que les formalités civiles, et c'est l'occasion de rassembler une foule de personnes de tous les horizons : ses amis sont légion. Parce qu'il leur donne beaucoup, de son temps, de son énergie, de ses biens. Il organise de grandes réjouissances, en toute occasion. Cela fait partie de son engagement professionnel. Son énergie, son optimisme, son ardeur sont exceptionnels, malgré ses incessants dépassements de limites (de nourriture, de boissons, de plaisirs, de veillées). Il récupère tout grâce au sommeil.

En position blessée, dans un thème, avec Lune ou ascendant Vierge, ce Mars ne permet pas à la personne d'exprimer sa générosité. Elle lui confère une autorité mal dirigée, une tendance à dépasser les limites, dans ses propos et ses actes, et dans ses relations humaines et le contraint à garder une position subalterne ou à prendre trop de responsabilités. En contradiction avec une Lune ou un ascendant Poissons, ce Mars confère au natif des désirs touffus mais imprécis, une difficulté à se confronter avec le réel (d'où, une grande faim d'évasion, géographique, mystique ou hallucinogène) et peut donner une forme de confusion dans l'action.

Mars en Capricorne

L'individu doté de ce Mars fait preuve d'une volonté inébranlable. L'énergie est canalisée sur un objectif – généralement élevé – et se concentre tout entière sur lui, parfois au détriment de l'amour, des relations avec autrui, de toute forme de divertissement ou « distraction ». Il n'y a guère à dire de son engagement amoureux : pour lui, les sentiments passent en dernier, bien après ses ambitions et son devoir. Autant dire qu'il ne s'agit pas d'une personne exubérante, ni souple. Sans être calculatrice, elle mesure ses forces, elle se coupe de son environnement par tous les moyens : physiques (oubliant volontiers le boire et le manger, voire le sommeil), affectifs : elle s'acharne à se détacher des êtres qui comptent pour elle, nulle dépendance ne devant entrer dans la composition de l'animal ; moraux – au risque de se faire rejeter des groupes sociaux, elle refuse de composer, à plus forte raison de pactiser avec les compromissions de ses congénères – et même religieux : l'être dont le mysticisme se développe dans cette solitude imposée suit souvent sa propre voie « religieuse », sans s'intégrer à une communauté ou un groupe. Il est hanté par la réussite, et déploie une persévérance acharnée pour l'atteindre. C'est quelqu'un de renfermé, réservé ou assez introverti. Chez un homme, il donne une certaine difficulté à exprimer sa sexualité, qui sera souvent sacrifiée à son ambition. Chez une femme, il incline à la solitude, à l'isolement dans la vie professionnelle, et fait rechercher un partenaire qui l'aide dans son ascension sociale – ou ses desseins artistiques, car il est assez tenté par une ascèse dans l'art, la danse, la peinture. La politique l'attire également beaucoup. Ce n'est pas une réussite facile. En général, la personne est confrontée à des obstacles dans la réalisation de ses objectifs. Mais la seconde partie de sa vie voit le couronnement de tous ses efforts.

En aspect conflictuel avec la Lune ou l'ascendant Bélier, dans le ciel de naissance, ce Mars peut incliner l'être à des actes impulsifs, irraisonnés, qui retardent ses chances de réussite. Avec la Lune ou l'ascendant Balance au sein d'un thème, la personne risque d'avoir des difficultés à concilier son ambition professionnelle (ou artistique, ou politique) avec son désir d'harmonie dans le couple.

Mars en Verseau

Des activités professionnelles liées aux techniques de pointe, à la télématique, au nucléaire, aux programmes spatiaux ou à la communication télévisuelle sont, en général, les options de prédilection du natif. Il montre aussi un goût pour la recherche, qui le fait se spécialiser dans une matière au détriment de toutes les autres, et une fringale insatiable d'expériences. Chez un homme, la tendance à écarter les sujets dont il a épuisé l'intérêt peut laisser présager des changements de métiers, fréquents, soudains et rapides. Chez une femme, cet aspect fait rechercher un homme ami, une union libre et une profession indépendante, souvent un fief plutôt masculin, comme l'aérospatiale, le pilotage, la mise en scène, l'économie, les finances, les techniques de pointe, l'ingénierie, où elle puisse organiser ses horaires comme elle l'entend. Elle est attirée par les femmes, et même si elle est féminine, elle recherche des hommes androgynes, parfois plus jeunes, avec lesquels elle peut établir des relations d'égal à égal, qu'elle ne trouve pas avec les hommes de son âge. Si elle décide de convoler, elle choisit un de ses admirateurs juvéniles mais non enfantins (elle n'a pas la vocation de materner), avec lequel elle finit sa vie.

La réussite peut être brillante mais éphémère : le temps que dure son intérêt pour l'expérience. Ce natif innove dans le domaine professionnel, il a une précocité, une originalité, un talent que l'on devine innés. S'il est chercheur, c'est le lieu de découvertes infatigables, s'il est musicien ou réalisateur, il produit des chefs-d'œuvre. La vocation des êtres ayant Mars en Verseau est d'être professionnellement incompris et ils n'en ont cure. Du reste, c'est bien souvent après leur mort qu'ils sont découverts et glorifiés !

En aspect contrarié avec la Lune ou l'ascendant Taureau, il peut y avoir conflit entre le goût profond du changement, chez le natif, et son besoin instinctif de sécurité. Cela risque de se traduire par des coups de foudre dévastateurs ou des courts-circuits dans l'activité professionnelle, suivis de comportements d'excessive possessivité, de jalousie, des bouffées colériques suivies de phases de repli où l'être rumine et s'enlise obstinément dans l'immobilisme, le refus d'innover, une attitude « réactionnaire ».

En aspect conflictuel avec la Lune ou l'ascendant Scorpion, l'être se trouve violenté par ses appétits d'expériences charnelles, d'une part, et sa quête de perfection, d'élévation artistique, sociale, professionnelle d'une part, dans l'isolement et le rejet du monde. On assiste parfois à un comportement contradictoire entre le complexe de Don Juan et l'ascétisme absolu.

Mars en Poissons

La contradiction saute aux yeux : entre cet astre violent, de prise sur la réalité concrète, cet astre impulsif, belliqueux, et la douceur fusionnelle, les visions cosmiques du Poissons. Si le ciel de naissance est conforme à ce Mars, l'être va chercher dans une action humanitaire, le bénévolat, un exutoire à son besoin d'expiation et de sacrifice ; en outre, sa sentimentalité à fleur de peau le rend généreux jusqu'à l'oubli de soi, lui fait donner tout de lui-même, son temps, ses dons, son énergie à un vaste projet humain. Les saints, les héros, les grands stigmatisés, les contemplatifs, les mystiques et les anachorètes ont souvent Mars en Poissons.

Chez le profane, le natif recherche, professionnellement, une immersion anonyme dans l'océan de ses frères humains – ou animaux. Il donne le goût des métiers de secours – depuis les médecins, vétérinaires et autres spécialités médicales, jusqu'aux aides, auxiliaires de famille, assistants sociaux. Grâce à ses dons médiumniques, le natif peut aussi exercer partout où le flair, la communication télépathique jouent un rôle important : tous les métiers artistiques, où la popularité se voit fréquemment chez les natifs ; ceux liés à l'eau, à la navigation, aux grands voyages. Chez les femmes, cet aspect fait rechercher un époux mystique, avec son corollaire : les vocations monastiques. Elle a besoin d'idéaliser l'homme et fusionne avec la gent masculine, dans son expression professionnelle ou sociale. Ses métiers peuvent être liés au public, à la guérison du corps et de l'âme, au cinéma. De grands voyants et médiums se classent dans cette catégorie.

Son magnétisme, son aura, sa profonde compréhension d'autrui lui permettent de réussir – souvent de façon incompréhensible, mystérieuse, inexplicable. En aspect défavorable avec la Lune ou l'ascendant Gémeaux, il contrarie ou entrave l'expression artistique : l'être se trouve en porte à faux par rapport à ses dons pédagogiques, son besoin d'échange, la nécessité où il se trouve de communiquer sa connaissance à ses semblables, à la façon rapide, synthétique et parfois elliptique du mercurien. En position conflictuelle avec la Lune ou l'ascendant Sagittaire, la sensibilité poétique du natif est heurtée par ses propres impératifs entreprenants, combatifs, actifs. Sa sensibilité fataliste peut le rendre inactif et son imagination fertile risque d'entraver son action, l'éloignant de la réalité, lui brouillant ses objectifs concrets.

Jupiter dans les signes

Gouverneur du signe du Sagittaire et cogouverneur de celui des Poissons, avec Neptune, il est dénommé « Grand bénéfique » par les Anciens, car il accorde la « chance », la joie de vivre, l'enthousiasme, les relations et l'ouverture nécessaires à toute entreprise vitale. Sa position en thème natal signale donc l'attitude de la personnalité dans ce domaine et aussi, les excès auxquels elle peut être conduite.

Jupiter en Bélier
C'est un Jupiter qui provoque et initie toutes ses chances. Il tente des « coups » de façon assez brusque, avec audace, confiance et intrépidité. Peut-être est-ce la raison pour laquelle, bien souvent, la chance lui sourit. Il doit cependant veiller à ne pas prendre trop de risques non calculés.

Jupiter en Taureau
C'est dans le domaine des biens, des propriétés, des gains matériels que s'emploie l'énergie du natif – avec succès, car il a de la patience, de l'obstination, de la volonté et beaucoup de charme quand il s'en donne la peine. Il doit veiller à ce que sa propension à posséder ne prenne pas la place des sentiments.

Jupiter en Gémeaux
Un don inné pour la parole, les contacts, l'écriture, les études, et... la fratrie. La famille proche peut aussi bénéficier de cette générosité à l'égard de la fraternité. Tout ce que le natif entreprend dans ces voies réussit. Il doit veiller à ne pas se disperser.

Jupiter en Cancer
La chance provient des parents – plus spécialement de la mère –, de la famille, des héritages, propriétés de famille, de la patrie où le natif est né. Il exploite avec

succès tout ce qui touche à l'enfance, au passé, à l'histoire, à la gastronomie, au grand public – dont il a la faveur – et aux œuvres artistiques. Il peut se montrer boulimique dans ces matières et devra modérer sa gourmandise.

Jupiter en Lion
C'est le Jupiter des grands orgueilleux. Il confère une grande générosité, des dispositions pour l'art et la peinture, le théâtre, la comédie et la bienveillance. Ceux qui l'ont dans leur thème sont capables de renoncer à un pactole financier pour raisons morales, pour garder intacte leur (bonne) opinion d'eux-mêmes et leur vertu. Ils doivent cependant se méfier de leur propension à donner sans compter.

Jupiter en Vierge
Il protège la vie familiale, la santé, le travail. Donne de grandes joies dans les relations intimistes, favorise les contacts et une certaine érudition, peut donner une attirance pour les métiers de service (aussi bien dans le domaine médical que dans celui de la culture ou de la gastronomie). Il peut avoir une tendance à transformer toutes les valeurs humaines en termes financiers.

Jupiter en Balance
Une grande chance dans tout ce qui touche aux associations, au couple, aux relations sociales avec autrui. L'être trouve au bon moment les personnes qu'il lui faut pour réaliser un rêve ou un projet. Il attire beaucoup à lui : des êtres distingués, dotés d'une certaine noblesse, ou des artistes. Il peut se montrer excessif dans sa demande au sein du couple, ou dans ses revendications sociales, ce qui l'amène à rompre l'harmonie avec ses partenaires (sociaux ou privés).

Jupiter en Scorpion
Il favorise les questions ayant trait aux héritages, à la mort, à la renaissance – spirituelle, en particulier – et à tout ce qui concerne la fortune. Il donne un fort attrait pour le mysticisme. Le natif aime à s'entourer de chers disparus, qui sont pour lui vivants. Il est aussi très intéressé par les questions sexuelles. Il doit veiller

à ne pas abuser des dons que la nature lui prête, tendance inhérente au signe.

Jupiter en Sagittaire

Confère beaucoup de chance en voyage. Le natif est doué pour les langues et très protégé à l'étranger. Il est aussi passionné de questions spirituelles, de philosophie, de tout ce qui élargit la conscience et grandit l'âme. Il doit veiller à ne pas être trop prodigue – de son temps, de son argent, de ses dons – et à ne pas trop faire confiance aux autres.

Jupiter en Capricorne

Les natifs sont plus enclins à s'épanouir à l'âge mûr. Donne une grande confiance en ses capacités, une aisance à s'élever dans la hiérarchie sociale, le goût de l'effort et de la persévérance. Ce Jupiter permet d'avoir un grand sens politique, mais il peut, s'il n'y prend garde, avoir une tendance à se servir des gens quand ils lui sont utiles. Et les oublier ensuite.

Jupiter en Verseau

L'intelligence du modernisme, des techniques de pointe et de l'humain est très vive. Le natif est protégé dans ses inventions, innovations, recherches. Ce qui favorise le développement de l'homme, son essor, son évolution, son devenir dans l'espace, le cosmos, tout cela le fascine et il y réussit bien. Ses excès concernent son manque absolu d'esprit pratique, son insubordination à toute forme d'autorité, une difficulté ou une résistance à exploiter tous ses dons.

Jupiter en Poissons

Le natif est favorisé dans ses perceptions sensorielles, il a des dons visionnaires qui lui permettent de prédire – pour lui et pour d'autres – les événements à venir. Il sait s'intégrer à tous les courants, tous les mouvements, et il est profondément mystique. Il doit se garder de ne pas trop se laisser aller à ses succès, et il doit aussi exercer sa volonté.

Saturne dans les signes

Gouverneur du signe du Capricorne, cogouverneur de la Balance et du Verseau, Saturne indique les zones de restrictions du natif, l'endroit où il est appelé à manquer, à se sentir frustré ou dépossédé. Tout ce qui, en nous, retient, rompt, défait, se ferme ou se défend est du domaine de Saturne. Mais aussi ce qui oblige à s'élever, à se dépasser, à se structurer.

Saturne en Bélier
Saturne met ici le natif en position de rompre des choses qui viennent de commencer, ou de prendre ses distances de façon irréfléchie, ou encore d'apposer son veto dans des circonstances prématurées. Il peut s'offrir le luxe d'attendre, de tenir tous les éléments avant de trancher.

Saturne en Taureau
C'est une position qui peut empêcher l'être de s'épanouir sur le plan de l'alimentation (anorexie) ou de toute autre gratification sensorielle. Il peut aussi se montrer réticent à propos d'acquisitions, souffrir de difficultés financières. Le risque peut être d'exagérer dans la possession de biens matériels.

Saturne en Gémeaux
Une certaine difficulté à exprimer sa sympathie empêche le natif de communiquer avec ses proches, sa famille, ses amis. Maladresse dans les écrits, ou problèmes à exprimer ce qu'il ressent. Il peut avoir tendance à dramatiser des faits anodins ou à se montrer excessivement grincheux. L'aspect favorable de cette position lui donne une certaine persévérance dans ses études et la poursuite de ses objectifs intellectuels.

Saturne en Cancer
Ici, Saturne donne à l'être un incurable besoin de sécurité, un besoin inextinguible de chaleur et de compréhension familiales. Il est cassant dans son foyer, avec des critiques maladroites et sévères car il a beaucoup de mal à exprimer sa tendresse. Il peut être incompris de sa famille ou du public.

Saturne en Lion

Il rend le natif très sourcilleux sur les questions d'amour-propre, réticent à solliciter l'appui de gens haut placés, soucieux de se démarquer ou de se retrancher du jeu, des hiérarchies sociales et des combines. Il peut aussi donner des frustrations dans le domaine des créations et procréations.

Saturne en Vierge

Le refus de toute impureté physique ou morale peut conduire l'individu à des mesures extrémistes, des comportements asociaux, l'obsession d'être contaminé. Il donne aussi des scrupules excessifs à dépenser de l'argent, même pour un minimum de confort personnel. Une tendance à l'ascétisme, à la privation spartiate.

Saturne en Balance

Les associations, quelle que soit la forme sous laquelle elles se présentent, sont mal ressenties. La volonté de domination empêche le natif d'accéder à une réelle harmonie dans l'échange, la communication. Il y a des difficultés à dialoguer, à se concerter avec son partenaire, à établir une relation de complicité. D'où une frustration dans le mariage générée, inconsciemment ou consciemment, par le natif.

Saturne en Scorpion

Ce Saturne est plutôt à son aise dans le signe exigeant du Scorpion. Il rend l'être intransigeant en affaires, lui fait renoncer à des gains et des possessions matérielles en vue de récompenses différentes, plus honorifiques, immatérielles. L'excès peut provenir de ses scrupules, de son absolu détachement par rapport au monde matériel.

Saturne en Sagittaire

Il y a une restriction dans la foi en soi, en autrui, voire en Dieu. L'être est amené à refuser des sujets étranges ou paranormaux, à se fermer à toute dimension parapsychologique. Il est frustré dans ses projets à long terme, ce qui touche au lointain, aux contrées exotiques ou aux « honneurs ».

Saturne en Capricorne

Ce Saturne dessèche, dépouille le natif de tout senti-
mentalisme : il est en accord avec son ambition, qui
est immense socialement. Il a l'habitude de comman-
der et ne permet pas aux êtres d'amoindrir, fût-ce
d'un pouce, son autorité sans compromissions,
d'adoucir son manque de souplesse, de composer avec
ses penchants tyranniques. Il ferait plutôt profession
de frustrer autrui !

Saturne en Verseau

Ce Saturne accentue la nature brusque du natif. Il
peut se montrer avare de son temps et avoir des relations difficiles avec ses amis. Il redoute toute forme de
progrès, qu'il a tendance à rejeter. Inconsciemment, il
a peur de ne pas parvenir à égaler ses contemporains.
S'il peut travailler dans un domaine de recherche bio-
logique ou dans la télécommunication, son tempérament maniaque et intransigeant s'assouplit.

Saturne en Poissons

Ce Saturne donne une certaine défiance pour tout ce
qui est irrationnel, paranormal ou métaphysique. S'il
approfondit cette réticence, le natif peut devenir un
spécialiste – même détracteur – en cette matière et y
acquérir une grande autorité. Il s'emploie à détruire
l'illusion, l'image, frustrer ou se frustrer de tout espoir,
de toute « utopie » généreuse, de toute croyance.

Uranus dans les signes

Gouverneur du Verseau, Uranus préside aux changements brusques et imprévus. Dans le thème astral d'un
individu, il indique les capacités de l'être à saisir les
opportunités, les offres, les occasions, les rencontres
qui se placent sur sa route. Mais aussi à s'élever, à
détruire les limites et les structures rigides, à ouvrir
son champ d'expériences.

Uranus en Bélier

Il est ici en plein essor : le natif fait flèche de tout
bois, avec un esprit d'à-propos, un flair et une rapidité

appréciables. Agile, il est aussi habile à initier des entreprises, déclencher des mouvements, instruire des groupes. Il est fort, saisit les balles au bond.

Uranus en Taureau
Les changements concernent les possessions et les biens immobiliers, les gains matériels. Il peut y avoir de brusques « revers », suivis d'aussi imprévisibles retours de fortune. Le natif doit arriver à conserver sa sérénité et ne pas se montrer trop possessif.

Uranus en Gémeaux
Un certain esprit d'invention, qui s'applique aux relations avec les autres, aux travaux de l'esprit, au don de parole. Le natif sait se renouveler, progresser, recréer de nouveaux contacts, établir des réseaux de communication originaux et anticonventionnels. Il donne des traits de génie verbal ou poétique.

Uranus en Cancer
C'est à des changements dans sa famille, dans ses héritages, dans son foyer ou sa maison, à des déménagements inopinés, des naissances impromptues, et des migrations intercontinentales qu'est exposé le sujet. Il doit acquérir une certaine adaptabilité pour tirer parti de ces changements.

Uranus en Lion
Il faut s'attendre à des prouesses dans les créations du natif : chances saisies au vol, propositions inespérées dans les domaines de l'art, de la décoration, du spectacle, conduisant à de brusques transformations de statut social. Il est conseillé de ne pas repousser les offres et les échéances qui sont proposées : elles pourraient ne plus se représenter.

Uranus en Vierge
De bien étranges coups du sort et coups de chance dans le travail et la santé du natif : tantôt il peut s'agir de grippes ou de désordres intestinaux, tantôt de changements rapides dans le travail. L'être doit s'appliquer à accepter des modifications inattendues dans son milieu professionnel et ne pas trop s'émouvoir de turbulences de santé.

Uranus en Balance

Le natif ne conçoit pas des associations de tout repos !
Qu'il s'agisse de partenaires dans le travail, de duos
sportifs, de conjoints ou d'associés, il introduit des
changements (assez radicaux) dans ses méthodes, il
évolue dans ses conceptions, il transforme et révolu-
tionne. Et, comme pour toute révolution, il faut
s'attendre à des ruptures... Les plus importantes siè-
gent au sein même du natif : il rompt sans cesse avec
ses anciens schémas de comportement, ce qui peut
déstabiliser son entourage.

Uranus en Scorpion

De profondes transformations dans le psychisme du
natif sont à attendre, à la suite d'un décès, d'un deuil,
qui l'enrichissent et l'apaisent. Sa fascination pour le
sexe et la mort vont se développer et lui donner une
approche radicalement neuve des problèmes. Il peut
aussi s'agir d'une conversion religieuse ou mystique.

Uranus en Sagittaire

Un brusque changement de pays, une rapide évolution
à l'étranger, des progrès et des réformes de plus en plus
riches et fécondes émaillent l'existence du natif. Il
peut bénéficier de grandes faveurs, de coups de chance
exceptionnels liés à l'étranger, à des personnes étrangères ou à des sujets traitant de l'étranger. L'étrange et
le paranormal peuvent être aussi de la partie.

Uranus en Capricorne

De grands changements politiques, stratégiques, tac-
tiques, dans la carrière, de brusques transformations
dans les objectifs sociaux de l'individu, et des coups du
sort (la légion d'honneur peut en être !) dans son statut social, ses acquis « moraux », sa réputation.

Uranus en Verseau

Les amis, relations, protecteurs, complices jouent un
rôle déterminant et brusque dans la vie de ce citoyen.
Il peut se transformer à leur contact ou acquérir un
nouveau statut, prendre de nouvelles fonctions, plus
altruistes, plus sociales, plus secourables. La télévision,
télématique et téléphonie peuvent jouer un rôle déterminant dans cette mutation.

Uranus en Poissons

Assoiffé d'impressions, de sensations, d'émotions fortes, ce natif est aussi décidé à transformer ses difficultés, ses angoisses, ses épreuves en richesses. Il fait peau neuve, opère des mues et obtient de situations éprouvantes, des récompenses et des défis inattendus.

Neptune dans les signes

Gouverneur des Poissons, le lieu où se trouve Neptune va déterminer par quels moyens s'exprimera la poésie inhérente au signe, sa créativité, son imagination. Ainsi, Neptune en Bélier chez un/une Poissons donnera le besoin de traduire en actes ses convictions humanistes, ses dons thérapeutiques, ses batailles en faveur de causes justes.

Neptune en Bélier

Ce signe de feu fait bouillir l'eau de Neptune. La contradiction entre le signe et la planète donne au natif des phases d'action et de prosélytisme intenses, des manières volcaniques suivies de périodes d'immobilisation, de repli inquiet. L'impatience du signe nuit à toute forme d'engagement social, culturel ou religieux à long terme. Il faudrait inventer des « contrats moraux » renouvelables par tacite reconduction !

Neptune en Taureau

Détermine un tempérament plus pragmatique dans l'exploitation de ses dons ; soit le natif utilise son charme et son magnétisme, voire l'attrait sensuel qu'il exerce sur ses contemporains pour promouvoir des œuvres artistiques ou des dons de voyance. Soit il cherche à traduire son idéal mystique à travers des créations terriennes, dans des matériaux bruts (sculptures de bois, de bronze, de pierre) ou dans la représentation de la nature chargée de sensualité, d'émotion charnelle.

Neptune en Gémeaux

L'esprit règne en souverain. Le natif peut se sentir porte-parole de toute une génération, se charger de véhiculer les informations sociales ou politiques, ou enseigner les philosophies, les littératures comparées. Passionné d'échanges, il cherche par la parole ou la diffusion d'écrits, voire l'édition, à ouvrir les frontières de l'esprit et à guérir les âmes des combats stériles qui l'affaiblissent.

Neptune en Cancer
Cet astre de rêve, de poésie et de chimère est bien dans ce signe d'eau chez qui le monde de l'enfance est prêt à jaillir. Il cherche à exalter ses racines, à conter les exploits de ses ancêtres ou, s'il ne dispose pas d'éléments suffisants, il les invente. Son rêve se porte sur sa famille ou des événements qui se sont produits dans l'enfance.

Neptune en Lion
L'idéalisme de l'astre se traduit dans l'art, la peinture, le monde de la création par l'exaltation du sentiment esthétique et par l'expression de la plus noble intelligence. Un idéal de vertu anime le natif, qui cherche à se dégager du monde matériel pour s'élever vers le monde de l'esprit. Il crée, sinon par lui-même, au moins par ses conceptions du divertissement culturel ou artistique.

Neptune en Vierge
La planète de la profusion, de l'immensité, de l'étendue psychique est mal à son aise dans le signe prudent et raisonnable de la Vierge. Elle s'y sent limitée, soumise à une rationalité qu'elle exècre. Elle va cependant disposer l'être à plus de poésie et moins de calcul, lui inspirer des conduites serviables et dévouées, voire des dons de magnétiseur, de sourcier, de « rebouteux ».

Neptune en Balance
C'est à un idéal de justice, d'harmonie, de tolérance et de paix que le natif tend. Il peut être conduit à l'exprimer sous forme d'action sociale ou politique, d'œuvres culturelles, d'écrits, de reportages ou d'associations militantes. Quelle que soit sa formule, il est conduit, parfois à son insu, par un sentiment de profonde solidarité avec les plus défavorisés, et il lutte pour plus de justice sociale, parfois à travers la prière, la méditation et le recueillement.

Neptune en Scorpion

Conduit l'individu à des profondeurs de réflexion, d'analyse et de création qui l'inquiètent et parfois même l'angoissent. Neptune est cependant très efficace ici, exploitant ses fantômes intérieurs, ses hantises et ses fantasmes avec ingéniosité et un sens aigu de la gratification commerciale, de l'or (symbolique ?) ou de l'argent.

Neptune en Sagittaire

L'attrait de l'être pour la philosophie et la sagesse l'amène à voyager, à apprendre de nouvelles langues, à comprendre de nouvelles civilisations. Passionné par ce qui est lointain, ce qui le dépasse, il se forge un idéal de vie qui réconcilie son goût de l'expérience et ses aspirations métaphysiques. Soit en œuvrant dans un domaine artistique, soit en gagnant sa vie à naviguer, soit encore en optant pour une profession qui le fasse voyager, matériellement ou symboliquement.

Neptune en Capricorne

L'idéal inconscient de l'être tourne autour d'un certain matérialisme scientifique. Rien ne vaut l'expérimentation, les démonstrations mathématiques, la preuve par neuf. Les concepts n'ont d'intérêt que s'ils reposent sur des faits concrets, des statistiques et des principes cartésiens. Les idéologies matérialistes reposent sur cette combinaison astre/signe.

Neptune en Verseau

L'idéalisme de la personne née avec Neptune-Verseau prend un visage d'utopie. Elle cherche à transformer les valeurs d'amour et de compassion en système organisé, en une obligation pour tous. Elle voit le meilleur des mondes surgir du chaos, la communion, la pureté des mœurs et la beauté des intentions habiter le cœur de tout homme. Cette réalité perçue à travers le prisme de ses visions l'empêche parfois d'agir efficacement pour son idéal.

Neptune en Poissons

C'est chez les Poissons que Neptune se sent le plus à son aise : cet astre d'immense, d'infini amour dans ce signe de dévotion et de souffrance rédemptrice donne des personnalités de tout premier ordre, des contemplatifs, des érudits, des mystiques, des êtres capables de mourir pour faire triompher leurs causes.

Pluton dans les signes

Dernière étape avant l'espace infini, Pluton exerce peut-être l'influence la plus profonde sur les êtres qu'il marque. Gouverneur du Scorpion, il est responsable des métamorphoses intérieures de l'homme, les plus éprouvantes mais aussi les plus fécondes. Le lieu du thème où se trouve Pluton signale l'endroit où l'être est le plus susceptible de se transformer et de s'enrichir, à la suite de souffrance morale, d'épreuve initiatique, d'œuvre au noir.

Pluton en Bélier
S'il est un lieu où Pluton est mal à l'aise, c'est dans ce signe de feu, contraire à ses pouvoirs. Pluton agit dans la maturation, dans les valeurs rédemptrices de la mort, du passage à l'au-delà, de l'éternité divine, tandis que le Bélier inspire l'acte spontané, voire irréfléchi. Pulsions constructrices, actes spectaculaires, ardeurs justicières, belliqueuses. Le natif s'enrichit par la responsabilité, l'engagement, la lutte pour plus de justice sociale.

Pluton en Taureau
La force constructive du Taureau combat efficacement les mouvements nihilistes de Pluton. Volonté, persévérance, croissance dans la richesse, celle des autres ou la sienne : le sujet évolue et comprend les lois de la vie à travers la gestion de patrimoine. L'argent est un bon moyen de résister au temps.

Pluton en Gémeaux
L'ardeur profonde et passionnée de l'astre s'attache ici aux contacts humains, aux écrits, à la communication des informations, de la culture, à l'exercice de la parole : extraordinaire tribun, génie du discours.

Pluton en Cancer
L'être éprouve un attachement presque passionnel pour sa famille, ses racines, sa patrie ou sa demeure. Il

recherche et instaure une relation d'amour excessif (et parfois, de haine) avec certains membres de sa tribu. Il s'enrichit par la famille ou à travers elle.

Pluton en Lion
Une passion irrationnelle et « tragique » lie ce natif à son œuvre, à ses créations, et à ses enfants, qu'ils soient de chair ou d'art. Il s'enrichit et réussit, soit par ses créations, soit par ses procréations.

Pluton en Vierge
Une passion pour la médecine ou pour la santé. Des préoccupations sanitaires poussent l'être à exagérer ses moindres malaises : il est facilement hypocondriaque. Il s'enrichit et franchit d'importantes étapes dans un métier de service auquel il se dévoue corps et âme.

Pluton en Balance
Le couple, l'union harmonieuse et l'esthétique sont le ressort secret de toute l'existence. L'individu progresse à travers son couple. Il a une passion pour la justice et tous les métiers juridiques, qui lui apportent d'intenses gratifications.

Pluton en Scorpion
L'astre est dans son élément : mystère, secret, flirt avec la mort, amènent à des remises en question, des crises d'identité et des renaissances aussi fécondes qu'elles sont éprouvantes. La sexualité et la mort sont deux sujets de préoccupations majeurs dans l'existence.

Pluton en Sagittaire
Passion douloureuse et contrariée parfois pour les voyages, un étranger, une civilisation étrangère. Intérêt extrême, prédilection pour l'aventure, spirituelle ou géographique. Le sujet s'affranchit de toutes limites spatio-temporelles et triomphe par l'étranger.

Pluton en Capricorne
La carrière, la vie sociale, la réussite sont des sujets de hantise. Le natif dispose d'atouts et d'une énergie extraordinaires, pour combattre les entraves, les obstacles et les retards qui surviennent. Ils servent ses ambitions, l'amènent à la prospérité.

Pluton en Verseau

Un potentiel de créativité et d'invention, des idées géniales, un esprit résolument futuriste, anticonformiste, transformateur. Les amitiés jouent un rôle très déterminant dans l'évolution spirituelle ; elles sont à l'origine d'acquisitions et d'événements imprévus qui changent positivement le cours du destin.

Pluton en Poissons

Créativité intense ; grand pouvoir médiumnique ou de visualisation. Des dons de peintre, de photographe, de réalisateur de théâtre ou de cinéma et de thérapeute. L'être s'enrichit par ses visions, ses pouvoirs thérapeutiques, son instinct médical.

Les Maisons dans les signes

Les douze Maisons de la carte du ciel reposent sur un principe fondamental : l'accomplissement de l'individu dans tous les domaines de la vie terrestre. Ainsi, pour dresser un thème de naissance, on calcule (ou l'on fait calculer), son ascendant, qui s'établit grâce à la date, à l'heure, au lieu de naissance, puis, à partir de l'ascendant, considéré aussi comme la Maison I, on divise le ciel symbolique en douze secteurs (dans le sens inverse des aiguilles d'une montre). Le plus souvent, ces maisons ne débutent pas à l'endroit précis où commence le signe. Ainsi, un individu Capricorne, dont l'ascendant est à 17 degrés du signe du Scorpion, aura vraisemblablement sa Maison I à cheval sur le Scorpion et le Sagittaire. On en déduit qu'il a un comportement « mixte » dans les domaines qui concernent la Maison I. Voici, brièvement, les significations des douze Maisons (ou des douze étapes) de notre évolution intérieure, laquelle se traduit dans les événements qui nous arrivent.

Maison I : les tendances spontanées du comportement. L'aspect physique, la façon de se faire accepter dans le monde. La santé.

Maison II : les biens, les propriétés, les acquisitions.

Maison III : la communication sous toutes ses formes : téléphone, missives, informations, démarches, déplacements, contacts.

Maison IV : le foyer, la mère, les origines, le pays de naissance et celui de la fin de la vie, la maison

Maison V : les loisirs, dans quelque domaine que ce soit; les joies de l'âme, les sports, l'esthétique, la culture, les créations et procréations, les amours.

Maison VI : le travail, le quotidien routinier, le devoir matériel, la santé, dans ce qu'ils ont de contraignant.

Maison VII : le mari, l'épouse, les associés, ceux à qui l'on se lie contractuellement, légalement.

Maison VIII : la mort (symbolique, métaphysique ou physique), les héritages (biologiques, matériels, psychologiques), les possibilités de transformations, de mort initiatique, de « renaissance ».

Maison IX : le lointain, les aspirations, les voyages spirituels ou géographiques, l'étranger, les étrangers, l'inconnu.

Maison X : la carrière, la vie sociale, les ambitions visibles, les réalisations exposées, l'accomplissement social, la réussite.

Maison XI : les protections, les amitiés, les projets, les élans vers le futur.

Maison XII : les prisons morales ou physiques, les exils intérieurs ou géographiques, les épreuves, les empêchements et barrières inconscients, cachés.

Chaque maison située dans un signe différent permettra de prédire – ou de comprendre – l'attitude particulière de tel individu en telle situation : avec ses enfants, dans sa carrière, face à l'argent, etc.

La Maison I (ascendant)

La Maison I (qui est déterminée par l'ascendant) signe l'aspect physique, la santé, les objectifs intérieurs du natif. Elle permet de déceler les points forts (et faibles) de son organisme, ainsi que les potentiels, l'idéal du moi vers lequel il tend. C'est l'une des maisons cruciales du thème : elle renforce ou combat les tendances du signe solaire. Même s'il ne s'y trouve aucune planète, elle signale le lieu vers lequel tend le natif – et auquel il espère parvenir. Ainsi un Bélier ascendant Balance cherchera à exprimer à la fois la combativité ardente du Bélier et la sensibilité artistique, le goût pacificateur, le bonheur conjugal de la Balance.

Maison I en Bélier
Le natif a des traits caractéristiques du Bélier : front étroit, menton fin, saillant, des yeux rapprochés, un

nez légèrement proéminent et une bouche charnue. Son corps peut être trapu ou longiligne, mais il a toujours une belle musculature, bien qu'il se tienne légèrement voûté, la tête un peu en avant. Son goût prononcé de la dépense physique l'entraîne sur des skis en haute montagne, en kayak sur des rivières tumultueuses, en voilier sur la haute mer, en plongée, en course à pied, sur des courts de tennis et des parcours de golf. Ses tendances psychologiques sont puissamment novatrices, actives, énergiques, enthousiastes et entreprenantes. Il peut être tenté de les traduire dans son métier comme dans son style de vie, dans ses loisirs ou son foyer. S'il n'y prend garde, il peut tendre vers un narcissisme excessif, ne voir le monde que de son point de vue (partial et subjectif) et commettre des erreurs par impétuosité, précipitation, réflexion insuffisante.

S'il mûrit ses projets, modère ses actes, tempère ses impulsions et ses paroles – parfois terriblement blessantes –, bref, s'il surveille sa nature martienne, il est appelé à un brillant destin, quelle que soit la partie qu'il a choisie. Ses domaines de prédilection sont le sport, bien sûr, mais aussi l'entreprise, l'archéologie, les courses, l'art (en particulier l'art pictural) et la philosophie. Là où il s'agit d'innover, d'ouvrir de nouvelles voies, de chercher de nouvelles solutions, l'ascendant Bélier est à son aise.

Le monde qu'il lui sera le plus difficile d'intégrer : celui de la Balance, son opposé. Celui de l'équilibre, du dialogue, de la concertation, de l'amour de l'autre (femme ou époux), de l'échange, de la mesure, de l'écoute.

Maison I en Taureau

L'ascendant Taureau donne une personnalité très possessive, entière, sensuelle. L'amour et les possessions sont ses deux objectifs. Elle aime la nature, la terre. Son handicap : elle pardonne difficilement les blessures affectives qu'on lui inflige.

Maison I en Gémeaux

L'allure et la jeunesse permanentes de ce natif sidèrent son entourage. Il est brillant, changeant, plein d'esprit et de charme. Il peut finir sa vie (ou reconstruire un foyer) à l'étranger.

Maison I en Cancer

Un visage d'enfant, de grands yeux, une sensibilité émotionnelle et artistique hors du commun. Une certaine difficulté à s'assagir et un besoin de protection le retiennent parfois d'écouter sa vocation.

Maison I en Lion

Une prestance, un rayonnement et une vitalité solaires permettent à la personnalité de s'accomplir de façon spectaculaire. De grandes dispositions pour l'art.

Maison I en Vierge

Une tendance à se montrer humble et effacé, à ne pas se faire reconnaître et apprécier à sa juste valeur. Grande faculté d'analyse, et capacité à s'intéresser à tous les sujets de façon approfondie.

Maison I en Balance

Une recherche constante d'équilibre. La personne est hantée par le couple, l'harmonie et le partage. Elle a du mal à trouver un véritable épanouissement sans son conjoint.

Maison I en Scorpion

Le sujet se montre secret, facilement tourmenté, difficile à apprivoiser. Il réussit bien dans sa vie professionnelle et après des aventures amoureuses houleuses, voire douloureuses, il trouve l'âme-sœur et la sérénité.

Maison I en Sagittaire

Une vie de contacts, de voyages et d'aventures. Les sports, la religion et l'inconnu sont les trois passions de cet être, qui a une chance et des opportunités insolentes !

Maison I en Capricorne

Profondeur, sérieux, concentration, goût du travail et de la rigueur. L'être est porté à s'isoler pour trouver sa vérité et ne s'épargne aucun effort pour atteindre ses idéaux très élevés.

Maison I en Verseau

Grand besoin d'indépendance, grande originalité, anticonformisme et esprit profondément inventif. Un individualisme forcené l'empêche d'accéder aux fonctions de dirigeant qu'il pourrait aisément tenir.

Maison I en Poissons
D'étranges prémonitions, des visions et des perceptions hors du commun. Il est rare qu'un ascendant de cette sorte ne donne pas des êtres surdoués, avec des dons exceptionnels et un grand mysticisme.

La Maison II dans les signes

Le Taureau a la maîtrise symbolique de la Maison II dans un thème de naissance. La Maison II est le lieu qui indique les acquis, les biens, la fortune, sous toutes ses formes (les biens mobiliers ou immobiliers que le natif gagne).

Maison II en Bélier
L'attitude du natif face à l'argent, aux biens matériels, aux valeurs de confort et de prospérité est soumise à de brusques décisions irréfléchies, des coups de chance et des actes risqués, la nature foncièrement dépensière du Bélier ne supportant pas de garder ses acquis.

Maison II en Taureau
C'est évidemment la position idéale pour cette maison, qui trouve dans le Taureau un locataire stable, ou un propriétaire ayant le sens de la valeur de l'argent, de l'épargne. Le natif sait gagner son confort, ses terres, ses biens et faire fructifier son patrimoine.

Maison II en Gémeaux
Insouciants, désinvoltes, peu sensibles à l'argent et à ses avantages, les Gémeaux ont plutôt une tendance à jouer l'argent, les valeurs. Ce sera un naturel spéculateur, ou un spécialiste des changes, ou un gérant de portefeuille, mettant son intelligence au service de l'or ou des biens.

Maison II en Cancer
C'est dans le domaine familial que se porte l'énergie, l'aptitude au gain du natif. Son moteur est la création d'une maison protectrice, d'un foyer, pour ses parents,

sa progéniture. Son antre est refuge, considéré comme le port, le bien suprême, douillet comme un cocon.

Maison II en Lion
La reconnaissance sociale par le biais des œuvres d'art ou d'un mode de vie consacré à l'art, à l'esthétique, sont le lieu de toutes les ambitions du natif. Il est amoureux des bijoux anciens, des toiles de maître, des beaux tissus et meubles d'époque.

Maison II en Vierge
Le natif a ici une tendance à thésauriser par peur de manquer. C'est sous forme d'épargne, d'économies que se traduit son besoin d'acquisitions. Il sera aussi doté d'un grand nombre d'assurances-vie, chômage, accidents, etc. car la sécurité est sa hantise, la peur de manquer dans l'avenir est son tourment.

Maison II en Balance
Le partage avec le partenaire, l'associé, le conjoint ou le complice est le lieu privilégié du gain. L'être ne gagne que pour partager et partage tout ce qu'il a, spécialement dans sa relation conjugale. Il peut aussi acquérir des biens par mariage.

Maison II en Scorpion
L'attitude de l'être vis-à-vis de l'argent est très âpre ou au contraire très détachée. Il est de toute façon soumis à la fascination de l'argent, soit par désir, soit par rejet absolu.

Maison II en Sagittaire
L'attitude confiante, généreuse, amie des plaisirs et de la prospérité propre au signe s'applique aux biens et possessions matériels. L'être goûte les intérieurs confortables et grands, une certaine aisance mais plus pour la qualité de la vie que par goût d'une véritable richesse.

Maison II en Capricorne
L'argent et les biens sont l'objet d'un très fort appétit, d'une sorte de boulimie, née d'un profond sentiment de frustration, qui peut être difficile à combler. Il accumule des richesses et des objets précieux, plus avec l'idée de faire des placements (qui ne sont pas

forcément rentables) que par sens de l'économie. Ou bien, il opte pour l'ascétisme.

Maison II en Verseau
L'attitude imprévisible, désinvolte du signe se retrouve dans ses rapports avec les acquis, les biens matériels. Tantôt avide de faire fructifier ses richesses, tantôt soucieux de les dilapider, il traverse des hauts et des bas continuels, sans jamais se ruiner, car des coups de chance le sauvent in extremis.

Maison II en Poissons
Des comportements très irréalistes et indécis face à l'argent ne permettent pas à l'être de se constituer de vrais acquis. Il est toujours déphasé par rapport à ses désirs et ne contrôle pas ses revenus. Ou il considère cela avec un œil d'artiste, détaché, et sa seule richesse est dans sa création.

La Maison III dans les signes

Le signe dans lequel est placée la Maison III est le lieu qu'a choisi l'être pour échanger des informations, communiquer avec ses proches, effectuer des déplacements, écrire, en particulier des lettres, mettre en valeur ou en lumière son prochain.

Maison III en Bélier
Impulsivité, précipitation, spontanéité dans les écrits et les paroles du sujet. Il peut provoquer, par sa fougue belliqueuse, des malentendus avec sa proche parentèle.

Maison III en Taureau
La moindre missive est appliquée, elle manifeste toutes les qualités tauriennes de patience, de pragmatisme laborieux, de bon sens. Ces qualités s'appliquent aux relations avec les frères, sœurs, oncles, tantes, parents proches et à toute forme de communication.

Maison III en Gémeaux
La communication est aisée, les sensations, perceptions et réactions sont vives, adaptées.

Maison III en Cancer
Imagination, sensibilité, affectivité profonde caractérisent la communication du sujet, ses écrits et ses messages.

Maison III en Lion
L'individu privilégie l'esthétique dans ses missives et s'attache à des échanges artistiques, culturels. Il rayonne de générosité et provoque l'admiration de ses proches.

Maison III en Vierge
Le natif est scrupuleux, méthodique, perfectionniste dans ses relations. Il programme dans le détail ses moindres déplacements et se montre d'un dévouement extrême vis- à-vis de sa famille proche.

Maison III en Balance
Il y a une constante recherche d'équilibre et de justice dans les communications et les relations. Le natif se préoccupe d'associer, d'unir ou de réconcilier les membres de sa famille qui sont divisés.

Maison III en Scorpion
Des questions d'argent ou de préséance peuvent surgir au sein des réunions de famille. Le citoyen fera preuve d'esprit créateur dans ses communications, sa correspondance et auprès de ses parents proches.

Maison III en Sagittaire
De grands besoins d'évasion, d'exotisme poussent l'être à communiquer dans toutes les contrées du globe. Ses relations avec sa famille apportent sa chaleur et sa philosophie.

Maison III en Capricorne
Une certaine réticence à écrire, à parler, une austère réserve et même un fond critique dans les transmissions d'informations.

Maison III en Verseau
Aucune routine : chaque missive, chaque message innove, véhicule des informations insolites, soudaines, surprenantes.

Maison III en Poissons

Des aspirations à l'immensité émotionnelle, à la fusion avec autrui qui peuvent se traduire par des lettres, des coups de téléphone, des démarches infatigables et quotidiennes. Les relations avec la proche parentèle sont placées sous le signe changeant, mutant des Poissons.

La Maison IV dans les signes

La Maison IV est mise en analogie avec le Cancer : elle révèle les origines de l'être, le foyer dont il est issu ainsi que celui qu'il crée ; son passé, ses bases psychologiques et la fin de sa vie (la deuxième quarantaine).

Maison IV en Bélier

Le natif a connu une enfance sportive et tumultueuse, une mère impulsive, et peut-être de nombreux changements de résidence ou d'écoles. Il est tenté de recréer cela pour ses enfants et peut finir sa vie à s'activer, à s'adonner à de nouveaux sports ou à créer une atmosphère impulsive, turbulente, dans son foyer.

Maison IV en Taureau

C'est d'un milieu familial pragmatique, soucieux de confort et travailleur qu'est issu le natif. Il se montre, à son tour, le plus possessif des pères ou mères et se préoccupe d'assurer à sa progéniture une « dot » solide, héritage ou maison. Foyer ascendant et descendant heureux et matériellement protégé.

Maison IV en Gémeaux

Le jeu, l'insouciance, les débats intellectuels et une gaieté permanente ont dû composer l'atmosphère du foyer. Le natif est poussé à épouser une femme qui recrée ce climat intellectuel, ayant assez peu de sens pratique, mais toujours entourée d'une multitude de relations et passionnée par l'actualité. La fin de sa vie peut être marquée par un remariage ou un changement de pays.

Maison IV en Cancer

C'est le lieu qui lui correspond le plus idéalement. Le natif a dû connaître une mère douce, tendre, aimante, et choisir un ou une partenaire qui recrée cette atmosphère. Une maison accueillante, pleine d'enfants et de récréations et une fin de vie où le natif... retombe en enfance ! Au sens figuré, s'entend.

Maison IV en Lion
L'être est issu d'une famille généreuse, noble de cœur, sinon de robe, ayant un goût profond pour l'esthétique, les arts, la culture. Il a hérité ce goût du Beau, du Bien, et le retransmet à ses enfants. La fin de la vie est rayonnante, sereine, pleine de succès.

Maison IV en Vierge
La famille et surtout la mère du natif a dû être économe, scrupuleuse, attachée aux valeurs morales d'honnêteté et de modestie. Le foyer a peut-être été ressenti comme un lieu d'ordre, de mesure, et celui que l'être recrée présente ces tendances.

Maison IV en Balance
Il y a eu une forte préoccupation de justice, au sein du foyer. La mère était équilibrée, sereine, soucieuse de dialoguer et de comprendre sa progéniture. Il y a un climat d'harmonie et de coopération dans le foyer que le natif recrée, de même qu'il tient très fort à préserver cette complicité et ce dialogue avec son conjoint jusqu'à la fin de sa vie.

Maison IV en Scorpion
Climat de sentiments profonds et passionnels dans l'enfance du natif. La mère est plus « amoureuse » de ses enfants que maternante. L'individu cherche inconsciemment en la mère – ou le père – de ses enfants le même goût des dialogues orageux, des tragédies dans un dé à coudre. Il finit sa vie dans l'accession au pouvoir, à l'argent ou une certaine notoriété.

Maison IV en Sagittaire
Climat familial joyeux, ouvert, famille nombreuse et grands voyages. La connaissance des langues étrangères, l'accueil d'étrangers ont dû émailler l'enfance du natif. Aujourd'hui, il a table et maison ouverte chez lui, sa femme accueille avec la même chaleur, le même enthousiasme les hôtes de passage.

Maison IV en Capricorne

Climat d'origine ou petite enfance ressentis comme douloureux, austères, frustrants ou très ascétiques, voire religieux. L'être recrée à la fin de sa vie ce climat de rupture, de labeur et d'austère quête morale ou sociale, et a tendance à priver ses enfants d'affection.

Maison IV en Verseau

Atmosphère anticonformiste, parents passionnés par les progrès de la médecine ou de la science, fréquentation de milieux intellectuels libres penseurs. La famille fondée par le natif est donc peu conventionnelle (union libre ?), musicienne, poète, très tournée vers les sciences du futur.

Maison IV en Poissons

La mère du natif est imaginative; elle a créé un climat tendre, irréaliste, très fusionnel et est dévouée corps et âme à autrui. Le natif pourra être tenté d'achever sa vie dans la création artistique, entreprendre des études de médecine, entrer dans une confrérie mystique ou une association humanitaire.

La Maison V dans les signes

La Maison V est liée, par tradition, au Lion ; elle représente symboliquement les créations, dans un thème de nativité. Il peut donc aussi bien s'agir de créations artistiques, esthétiques, de mode, de parfums, de découvertes médicales (médicaments, remèdes, par exemple) que de créations de chair. Par extension, tout ce qui est du domaine du loisir, voyages, tourisme, commerce, sports, peut être lié à la Maison V.

Maison V en Bélier

Des loisirs orientés vers des sports violents ou des découvertes, des aventures fulgurantes. Les enfants ou les créations personnelles portent l'empreinte martienne (combativité, action fougueuse, impulsivité).

Maison V en Taureau

Le natif aime les enfants et il en a tôt. Il peut sublimer sa création dans l'art, la peinture, ou la spéculation artistique, la construction, l'architecture, la décoration.

Maison V en Gémeaux
Le natif a des loisirs intellectuels, il se plaît dans l'échange d'idées, la communication sous toutes ses formes ou le tourisme.

Maison V en Cancer
Le foyer est source de détente et de jeux. Le monde de l'enfance, les jouets, ou tout ce qui concerne la famille passionne le natif.

Maison V en Lion
Une maison emplie de création : arts, mode, esthétique, enfants, loisirs, distractions, voyages, livres...

Maison V en Vierge
Grande difficulté à se détendre, à s'amuser, à se distraire. Le natif n'aime que travailler dans ses moments de loisirs et il imprègne ses enfants de cette même rigueur.

Maison V en Balance
L'art, la culture, les artistes sont source de création et de récréation. Le natif aime aussi son couple, l'harmonie conjugale, et la protège jalousement.

Maison V en Scorpion
Les grottes, souterrains et sites sacrés sont des lieux d'exploration pour le natif. Les sciences sociales, religieuses, la philosophie, l'ésotérisme sont aussi des sujets de passion.

Maison V en Sagittaire
Le natif se passionne pour les voyages, les échanges, la connaissance et les philosophies, pris comme une sorte de violon d'Ingres. Il est aussi enthousiasmé par les enfants aventuriers.

Maison V en Capricorne
L'individu né sous cette configuration n'est pas un plaisantin en matière de distractions : tout ce qu'il fait est accompli en vue d'une mission à remplir, d'une tâche à mener à bien. Pas d'enfantillages en perspective.

Maison V en Verseau

Un sens aigu de l'innovation, du divertissement, de la fête. Les amis sont très nombreux et participent aux agapes. Quant aux enfants, ils représentent une source de joie, de jeu et de création incessante.

Maison V en Poissons

Les loisirs sont orientés vers la mer, la voile, les bateaux, les grandes traversées. Les voyages initiatiques, mystiques ou spirituels font partie des objectifs ou des grands rêves des natifs.

La Maison VI dans les signes

L'on attribue la Vierge à la Maison VI car elle est le lieu symbole du travail et de la santé, notamment des petites servitudes.

Maison VI en Bélier

Des décisions concernant le travail seront prises sur un coup de tête. La santé du natif, quoique bonne, est soumise à de brusques fièvres. Il peut attraper des maladies éclairs (infections, indigestions, virus), dont il se débarrasse aussi vite.

Maison VI en Taureau

Le natif a besoin de sécurité dans son travail. Il souscrira à toutes sortes d'assurances, ne prendra jamais le risque de travailler si un contrat « en béton » ne lui assure pas tous les avantages, son programme d'augmentation de salaires et le confort de son bureau. Attitude entêtée en matière de santé, avec ses petites recettes de « rebouteux », ses remèdes naturels, etc.

Maison VI en Gémeaux

Désinvolture et insouciance dans le travail ou difficulté à se concentrer sur un seul travail. Tendance à s'éparpiller, à suivre les modes. Un métier fondé sur les relations publiques ou la communication est probable. Des désordres de santé dus à la nervosité du natif doivent l'encourager à adopter une discipline relaxante, par exemple le yoga.

Maison VI en Cancer

Le travail est envisagé au sein d'une grande (ou moins grande) famille, où le natif est un peu le père (ou la mère) ou l'enfant des autres employés. La santé peut être fragile (une tendance à accumuler les toxines), d'où l'efficacité d'un entraînement à la course de fond, à la marche au grand air ou à la natation.

Maison VI en Lion

Attitudes très solaires dans le travail : orgueil, besoin de dominer ses collaborateurs ou collègues, grand souci de l'image de marque, des apparences. Santé excellente, avec une tendance à jouer les gastronomes qui peut conduire à l'embonpoint.

Maison VI en Vierge

Scrupules, authenticité, conscience et rigueur professionnels vont de pair avec des choix sans concessions. Les domaines médical et paramédical sont protégés. La santé est délicate, elle est soumise à l'équilibre affectif et à l'hygiène de vie du natif. La sobriété est de rigueur.

Maison VI en Balance

Les reins, la vessie, les vertèbres lombaires sont un point sensible de l'anatomie. L'attitude au travail est souple, accommodante, et se plaît à intégrer le point de vue des autres. Il s'agit vraisemblablement d'un métier où les contacts jouent un rôle prépondérant.

Maison VI en Scorpion

La destruction pour renaître et la sexualité sous toute forme constituent vraisemblablement des pôles puissants concernant le travail de l'individu. Directement ou indirectement, les « valeurs Scorpion » de créativité dans la destruction et la reconstruction le meuvent. Sa santé est faite d'une apparente fragilité et d'une résistance à toute épreuve.

Maison VI en Sagittaire

L'être est appelé à traduire dans son métier ses aspirations, son idéal, son goût des voyages et de l'aventure. Attitudes nobles et enthousiastes. La santé est excellente, en particulier s'il pratique un sport ou une activité physique pour laquelle il est fait.

Maison VI en Capricorne

Ténacité, ambition acharnée, désir de réussir socialement, de s'élever dans la hiérarchie, d'acquérir pres-
tige et rémunération solides. Grande autorité morale
dans son travail. Santé de fer, malgré une petite faiblesse rhumatismale.

Maison VI en Verseau

Attitudes frondeuses, originales, qui inspire dans le
travail toutes sortes de réformes, une infatigable
remise en question de ses goûts et qualités, le besoin
d'expérimenter. Santé soumise à des flux nerveux
d'une grande intensité : bouffées d'énergie suivies
d'accès de fatigue.

Maison VI en Poissons

Une vocation thérapeutique semble certaine (kinésithérapie, médecine, psychothérapie, etc.). Le natif
peut aussi intégrer son monde imaginaire à son travail,
en faisant de la décoration, de la peinture, de la pho-
tographie. La santé donne des faiblesses anodines
(allergies, petits maux chroniques) mais rarement de
graves alertes, si le natif ne commet pas d'excès.

La Maison VII dans les signes

On attribue la Balance, signe de concertation, de dialogue, d'échange et de partage à la Maison VII, celle
des partenaires, conjoints et associés. Le signe où se
trouve la Maison VII détermine donc la façon dont
l'être va vivre sa relation à et avec l'autre.

Maison VII en Bélier

L'attitude de l'être vis-à-vis d'éventuels conjoint, associés, partenaires risque d'être impulsive, soumise à une
grande fougue et parfois trop décisionnaire ou intem-
pestive, peut-être après de longues hésitations.

Maison VII en Taureau

Une attitude possessive, opiniâtre, parfois empreinte
de lenteur et de « secondarité » enveloppe la créature.
Elle recherche un conjoint et des partenaires doux,
vénusiens, aimant les plaisirs et la vie.

Maison VII en Gémeaux

Une forte disposition à s'associer dans des milieux enseignants, où la culture, l'actualité jouent un rôle prépondérant. La quête s'associe souvent à la communication et aux voyages.

Maison VII en Cancer

La foi en des valeurs familiales, le goût de la tradition, l'amour de la patrie et de l'hérédité, l'amour de la sécurité et un grand attachement au foyer, à la femme, à la mère, conditionnent les associations et le mariage que l'être contractera.

Maison VII en Lion

Le sujet recherchera dans toutes ses associations un caractère de noblesse, de générosité, de magnanimité, et sera d'une extrême exigence en matière de vertu, de droiture et de loyauté. Souvent fait un brillant mariage et des associations très réussies.

Maison VII en Vierge

C'est à l'économie, à la banque ou à l'épargne que pense le natif quand il décide de convoler ou de se lier par contrat. Il recherchera quelqu'un de pratique, de travailleur et de profondément serviable.

Maison VII en Balance

C'est donc la position idéale pour le futur conjoint qui trouvera en cette personne le sens du dialogue, de la concertation, le goût de la coopération et du partage, un profond sens de l'harmonie et de la justice, de l'égalité au sein du couple.

Maison VII en Scorpion

C'est en percevant les remous secrets de l'autre, en capturant le fond de son âme que l'être parvient à l'idée d'association et de lien contractuel. Il peut y avoir des questions d'héritage familial ou la mort d'une personne chère précédant le mariage.

Maison VII en Sagittaire

Une des meilleures positions pour le mariage et les associations heureuses. L'être recherche en ses partenaires et associés des êtres chaleureux, communicatifs, à qui il donne toute sa confiance. De grandes joies et une vraie prospérité lui échoient par mariage, avec quelqu'un qui peut être empreint de religiosité.

Maison VII en Capricorne
Une grande difficulté à communiquer avec ses partenaires, autrement que sur un mode de pouvoir. Le conjoint peut être recherché parmi les êtres plus âgés, des personnes sages, austères, renfermées.

Maison VII en Verseau
L'association de type union libre est ce qui convient le mieux à la personne. Une grande liberté de mœurs, un certain goût de l'expérience dans l'indépendance et la liberté rendent les liens contractuels extrêmement périlleux.

Maison VII en Poissons
Le besoin de fusionner dans l'intimité, la profonde communion de sensations, de perceptions, presque sans parler, est le propre de cette personne. Un certain flou et une certaine inspiration (mystique, souvent) imprègnent sa quête.

La Maison VIII dans les signes

La Maison VIII est traditionnellement attribuée au Scorpion. Elle signifie mort et renaissance, transformation et création après destruction. Le lieu où elle se situe détermine les possibilités de mutation de l'être, la façon qu'il a de rebondir face à l'épreuve et à la mort.

Maison VIII en Bélier
Un risque de transformation brusque et imprévisible qui bouleverse la personnalité : une sorte de mort symbolique, un renouveau par une initiation ou une action décisive.

Maison VIII en Taureau
Renoncement aux biens, aux possessions, à l'argent, à l'instinct de possession ou, au contraire, les circonstances apporteront à la personne des héritages, des biens, auxquels il ne s'attache pas.

Maison VIII en Gémeaux
Des études abandonnées à mi-chemin sont reprises. Des démarches auxquelles le natif ne croyait plus portent leurs fruits. Changements et mutations à travers des écrits, une forme de communication.

Maison VIII en Cancer
Mort symbolique, renoncement à une image parentale forte. Renoncement à une mère, à une maison, sacrifice d'un foyer, d'une patrie.

Maison VIII en Lion
Sacrifice d'une situation, d'une réputation, d'un honneur. Renoncement à une position flatteuse ou à un égocentrisme narcissique. La mort est ressentie comme un appel vers la lumière.

Maison VIII en Vierge
Fin d'une épargne maladive, renoncement à des êtres marqués par la Vierge ou abandon d'attitudes trop perfectionnistes.

Maison VIII en Balance
Mort de l'image trop idéale ? De l'associé, du partenaire, ou du conjoint. Rupture et renaissance du couple.

Maison VIII en Scorpion
Métamorphose de l'être après une mort symbolique à soi-même, un renoncement, un sacrifice.

Maison VIII en Sagittaire
Transformation à la suite d'un voyage, d'aventures exceptionnelles, renaissance en un autre pays parmi des habitants étrangers.

Maison VIII en Capricorne
Sacrifice d'une ambition. Le natif renaît après un renoncement à une position importante, une gratification sociale.

Maison VIII en Verseau
Renaissance prométhéenne après une chute. De nouvelles amitiés puissantes protègent et accompagnent cette résurrection.

Maison VIII en Poissons
Mourir à la souffrance, à la douleur, à la tragédie : est-ce possible ? C'est en tout cas le défi lancé à ce natif. Il peut renaître neuf, et ne plus avoir besoin d'épreuves rédemptrices pour vivre.

La Maison IX dans les signes

La Maison IX, maison de l'aspiration de l'être à l'inconnu, à l'étranger, à l'aventure, à la Connaissance et aux philosophies, est attribuée au signe du Sagittaire. Le lieu où elle se trouve détermine la façon dont l'être perçoit le lointain, l'inconnu, sous toutes leurs formes.

Maison IX en Bélier
C'est par l'action, la conquête d'horizons nouveaux et les dangers que le sujet cherche à se dépasser.

Maison IX en Taureau
Une grande difficulté à se mouvoir spirituellement et géographiquement. Le natif envisage l'inconnu avec un certain pragmatisme et a du mal à changer de pays, apprendre de nouvelles langues, etc.

Maison IX en Gémeaux
Des dispositions pour les voyages de l'âme, les grands débats d'idées, les communications – normales et télépathiques –, l'étude, les religions et... la sagesse.

Maison IX en Cancer
C'est en réunissant tous ses proches que le natif a le plus le sentiment de voyager. Il sera peut-être conduit à construire son foyer à l'étranger ou avec un/une étrangère.

Maison IX en Lion
Une étoile, un royaume ou un couvent : telles sont les trois raisons qui poussent le natif au voyage. Volontiers mystique, amant de la beauté et des richesses, fou de ciels étoilés et de lumière.

Maison IX en Vierge
Une maison de voyages et d'aventures dans un signe

de service, d'économie et de logique. La personne cherche à parfaire des connaissances techniques ou médicales dans ses rapports avec le lointain.

Maison IX en Balance

C'est en couple, pour et à travers une certaine idée de l'harmonie que l'être cherche à voyager. Il œuvre pour un idéal de justice sociale.

Maison IX en Scorpion

Pour ce natif, les fonds de mer, les grottes ou les abysses représentent ce vers quoi il tend. Il est très tenté par les trésors des fonds sous-marins, les découvertes spéléologiques, les pierres et métaux précieux.

Maison IX en Sagittaire

C'est l'idéal sous toutes ses formes que recherche ce natif : l'idéal mystique, l'idéal moral, l'idéal moral et intellectuel. Il le réalise assez rapidement et représente une lumière pour les autres.

Maison IX en Capricorne

Il est difficile de ne pas réaliser ses objectifs politiques ou technologiques sous de tels aspects. Ce qui est certain, c'est que rien ni personne ne peut entraver sa volonté.

Maison IX en Verseau

La technologie de pointe, les sciences, la médecine, la recherche déterminent la quête et les voyages de ce sujet. Il se spécialise dans les voyages originaux, insolites et décidés brusquement.

Maison IX en Poissons

Un idéal religieux, un tour du monde dans la contemplation ou une « croisade » mystique font partie de la recherche réelle ou imaginaire de cette créature.

La Maison X dans les signes

La Maison X est analogiquement attribuée au Capricorne. Elle emprunte au signe son appétit de réussite, son immense ambition (sociale et personnelle) et son aptitude à dominer son destin. Le signe où elle se trouve placée dans un thème signale sa façon de réussir.

Maison X en Bélier
Ce natif n'a pas le sens du compromis dans sa carrière. Il est impétueux, téméraire, audacieux et peu patient. En outre, il ne supporte pas d'avoir réussi, aussi recommence-t-il sans cesse de nouveaux combats.

Maison X en Taureau
Personnalité soucieuse de réussite matérielle. Elle est susceptible de faire une brillante carrière dans l'art, le cinéma ou la musique.

Maison X en Gémeaux
Un destin souvent divisé en deux parties distinctes. Changement d'orientation ou d'objectifs. Une prédisposition pour les métiers de communication semble certaine.

Maison X en Cancer
C'est dans un contexte familial, grâce à son foyer d'origine ou à celui qu'il crée que le natif est le plus à même de réussir. Il peut être déterminé dans le choix de sa carrière par des enfants ou un univers enfantin.

Maison X en Lion
A priori, c'est l'un des signes les plus heureux et les plus adaptés à la Maison X. La carrière est souvent spectaculaire, avec des honneurs et une reconnaissance sociale exceptionnelle.

Maison X en Vierge
Les professions de santé, les archives et les collections sous toutes leurs formes font partie des terrains de prédilection du natif. Il demeure dans l'ombre, craint le faste et les honneurs et reste extrêmement modeste dans la réussite.

Maison X en Balance

La diplomatie, la justice et les arts sont les trois axes de carrière possibles pour épanouir ses facultés latentes et obtenir l'équilibre professionnel que recherche plus que tout autre ce natif.

Maison X en Scorpion

Elle est mal à l'aise dans ce signe des profondeurs et des tourments secrets. Le natif sera donc conduit à chercher dans des voies secrètes son équilibre. Banque, recherche, finances, occultisme et psychanalyse font partie de ses voies.

Maison X en Sagittaire

L'être est très tôt comblé dans toutes ses aspirations et ses besoins. Il peut opter pour une démarche philosophique, des relations privilégiées avec l'étranger, les langues ou l'aventure. Il obtient une vraie renommée.

Maison X en Capricorne

La maison qui correspond au signe. L'être a les valeurs qu'il faut pour réaliser un accomplissement parfait : ambition, aspirations élevées, ténacité, persévérance, mémoire, sens politique et envergure.

Maison X en Verseau

Imprévisibilité, coups de chance et changements inattendus parsèment la vie professionnelle de cet individu. De la technologie de pointe à l'informatique, du cinéma à la musique, de l'ingénierie à l'aérospatiale, il est doué et pluridisciplinaire.

Maison X en Poissons

C'est dans l'image, ou dans les ondes (sous toutes leurs formes : radiophoniques, aquatiques ou parapsychiques) que le sujet est appelé à se faire un nom. Il y a de fortes probabilités qu'il soit ou devienne populaire.

La Maison XI dans les signes

La Maison XI est une des clés affectives du thème astral. Elle détermine la capacité de l'être à se faire des amis et à les garder, ainsi que sa façon de se projeter dans l'avenir.

Maison XI en Bélier
Les amitiés et les projets sont envisagés de façon subite, entrepris avec fougue, dans un esprit compétitif. Instinctivement, l'être recherche des protections qui soient difficiles, stimulent son esprit de conquête. Amitiés ou projets flambeurs qui peuvent souffrir de précipitation.

Maison XI en Taureau
Les amis et les protections ainsi que les projets sont placés sous le signe aimable et aimant du Taureau. Douceur, sens de la beauté, du confort marquent les amis. Quant aux projets, ils sont poursuivis avec lenteur et menés jusqu'à leur terme.

Maison XI en Gémeaux
Les amis ont tous une certaine jeunesse et apportent un enrichissement culturel, une ouverture d'esprit considérables. Les projets sont liés à la communication ou au commerce.

Maison XI en Cancer
C'est dans un milieu qui symbolise la famille que ce sujet sera susceptible de trouver support, aide et amitiés. Les amis sont très sensibles, et les projets généralement créatifs, pleins d'imaginaire.

Maison XI en Lion
L'être est entouré d'amis prestigieux, chaleureux, rayonnants et même célèbres. Il conçoit des projets qui tournent autour de l'art, de la culture, de la noblesse et de l'aristocratie.

Maison XI en Vierge
Relations amicales qui s'élaborent dans le milieu du travail, souvent, ou dans des cercles intellectuels. Les

projets sont liés à la santé, à la bonne alimentation ou à l'exercice physique.

Maison XI en Balance
Les protections du natif sont liées à l'art, à la justice ou au monde de la beauté, du décorum. Il a des projets portant autour de ces thèmes, principalement orientés vers les contacts, les échanges et le partage.

Maison XI en Scorpion
Le natif a un naturel sélectif, scrutateur, discriminateur. Aussi bien pour ses relations que pour ses éventuels projets. Les uns comme les autres partagent sa passion des objets, des lieux chargés, comme des métaux et pierres précieux.

Maison XI en Sagittaire
L'ouverture à l'étranger, aux relations avec le monde du tourisme et des voyages conduit le natif à multiplier les amis, les relations et les points de chute au bout du monde.

Maison XI en Capricorne
Les amis sont peu folichons mais fidèles, tenaces, sûrs. Les projets à long terme peuvent concerner un engagement politique à long terme, un idéal mystique, une vocation pédagogique ou érudite.

Maison XI en Verseau
Ce signe est idéalement placé en Verseau. En effet, c'est un signe d'altruisme, de généreux et rayonnant humanisme, dans une maison très tournée vers l'action humanitaire, le dévouement philanthropique. Les amis du natif sont nombreux, fidèles et secourables.

Maison XI en Poissons
Grande propension à s'attirer des amis, des relations dans tous les milieux, à s'attirer toutes les sympathies et à être très aimé. Le cinéma, la peinture ou les grands voyages en mer sont de constantes récréations recherchées par le natif.

La Maison XII dans les signes

La Maison XII est traditionnellement attribuée aux Poissons car elle représente le lieu que choisit l'être en cette vie pour évoluer, se transformer, agrandir son champ de conscience, se dépasser. Que ce soit par la souffrance, par le travail, par l'attente, par la frustration ou par l'amour, cet être fait une mutation qui va modifier sa conception du monde (selon le signe et aussi la planète qui occupe le signe).

Maison XII en Bélier
C'est dans l'action, dans les décisions et les initiatives que l'être peut se dépasser et cherche à franchir ses limites.

Maison XII en Taureau
Les biens mobiliers, immobiliers, les terres et les possessions, les titres et les propriétés amènent le natif à se surpasser. Il renonce à ce qui lui appartenait afin de franchir des limites contraignantes et de s'affranchir du joug de la possessivité. Il est aussi amené à renoncer aux êtres qui étaient « siens » comme aux choses.

Maison XII en Gémeaux
Par l'échange, la communication, la diffusion de ses écrits, le natif va être soumis à une totale remise en question de ses valeurs et de sa vie, axée autour de la connaissance, de l'enseignement ou de la propagation d'informations. Il peut y avoir deux parties distinctes dans sa vie, l'une consacrée à l'acquisition des connaissances, l'autre à leur transmission.

Maison XII en Cancer
La famille, les ascendants, les descendants ou leur histoire, le passé même, sont la cause d'une transformation en profondeur du natif. C'est en son foyer, auprès des siens, sur sa terre d'enracinement qu'il pourra le mieux évoluer, acquérir sagesse et profondeur. Il peut élever la notion de famille au point de la concevoir comme une cellule sacrée, quasi mystique.

Maison XII en Lion
L'aspiration de l'être le porte à vouer un culte au Beau,

au Bien, à la vertu supérieure de l'âme et du corps. Il sacrifie son existence à un idéal presque religieux de l'esthétique, qui lui fait atteindre un dépassement, un entendement supérieur, une créativité secrète qui bouleverse son âme en profondeur.

Maison XII en Vierge
L'épreuve qui permet le dépassement de soi concerne la préservation de la santé, l'hygiène de vie, une forme d'économie à la fois énergétique et matérielle. L'être se dépasse à travers une certaine discipline, des astreintes horaires, un labeur modeste, accompli dans l'ombre avec humilité. A travers cette attitude, elle parvient à du détachement et à la sagesse.

Maison XII en Balance
Le couple, l'harmonie conjugale, l'amour et le sacrement du mariage sont certainement les préoccupations principales du natif. Il sera prêt à beaucoup de concessions pour obtenir cette sérénité à deux tant recherchée, et ce sera pour lui l'occasion de se transformer radicalement.

Maison XII en Scorpion
C'est par un désir de pouvoir et de domination, par l'instinct de reproduction et de destruction que la personne parviendra à se transformer et à se dépasser. Soit en renonçant à des prérogatives, soit, au contraire, en les exigeant et en les obtenant.

Maison XII en Sagittaire
Les voyages, l'exil seront la cause de grands mouvements de l'âme, de remises en question et de découvertes, d'enrichissements et de progrès. L'étranger, les langues, l'enseignement, le dépassement de soi par le sport ou certaines formes d'ascèse font partie des sujets « initiatiques » de ce natif.

Maison XII en Capricorne
L'être va apprendre à s'isoler, à poursuivre ses objectifs sans désemparer, à développer en silence ses ambitions pour se dépasser et franchir ses limites. Il lui faudra remettre en question ses certitudes et s'attacher à des objectifs pratiques afin de se dépasser.

Maison XII en Verseau

Les amis, l'amitié, toutes les formes et tous les témoignages d'altruisme sont l'occasion pour l'être de réviser ses valeurs, de reconsidérer ses jugements. Le don désintéressé de son temps, de ses compétences et de ses moyens devient le moyen de se surpasser et d'atteindre l'idéal auquel il aspire.

Maison XII en Poissons

Océan cosmique de l'amour universel, fusion dans le Grand Tout, le Nirvâna : lieux d'émotions secrètes et d'interrogations qui modifient le natif, lui font appréhender une autre réalité ou le réel d'une tout autre manière. C'est pour et par le don qu'il se transforme, évolue, grandit.

VOUS

Votre personnalité détaillée,
Votre dominante,
Vos références intimes.

Maintenant que vous avez obtenu les informations de votre ciel de naissance, inscrivez bien les degrés des planètes et ceux des Maisons dans chaque signe.

Les planètes

Le Soleil	est à.......... degrés	du signe de....................
La Lune	est à.......... degrés	du signe de....................
Mercure	est à.......... degrés	du signe de....................
Vénus	est à.......... degrés	du signe de....................
Mars	est à.......... degrés	du signe de....................
Jupiter	est à.......... degrés	du signe de....................
Saturne	est à.......... degrés	du signe de....................
Uranus	est à.......... degrés	du signe de....................
Neptune	est à.......... degrés	du signe de....................
Pluton	est à.......... degrés	du signe de....................

Les Maisons

Maison I (ascendant)   à........ degrés de....................
Maison II   à........ degrés de....................
Maison III   à........ degrés de....................
Maison IV (fond-du-ciel) à........ degrés de....................
Maison V   à........ degrés de....................
Maison VI   à........ degrés de....................
Maison VII (descendant) à........ degrés de....................
Maison VIII   à........ degrés de....................
Maison IX   à........ degrés de....................
Maison X (milieu-du-ciel) à........ degrés de....................
Maison XI   à........ degrés de....................
Maison XII   à........ degrés de....................

Ma dominante

....
....
....

Ceux avec lesquels ma dominante s'accorde
facilement :

....
....
....
....
....
....
....

Ceux avec lesquels la diplomatie s'impose :

....
....
....
....
....
....

LA PERSONNE DE VOTRE CHOIX
Sa personnalité détaillée,
Sa dominante,
Ses références intimes.

Inscrivez bien les degrés des planètes et ceux des maisons dans chaque signe.

Les planètes

Le Soleil   est à.......... degrés du signe de...................
La Lune   est à.......... degrés du signe de...................
Mercure   est à.......... degrés du signe de...................
Vénus   est à.......... degrés du signe de...................
Mars   est à.......... degrés du signe de...................
Jupiter   est à.......... degrés du signe de...................
Saturne   est à.......... degrés du signe de...................
Uranus   est à.......... degrés du signe de...................
Neptune   est à.......... degrés du signe de...................
Pluton   est à.......... degrés du signe de...................

Les Maisons

Maison I (ascendant)   à........ degrés de...................
Maison II   à........ degrés de...................
Maison III   à........ degrés de...................
Maison IV (fond-du-ciel) à........ degrés de...................
Maison V   à........ degrés de...................
Maison VI   à........ degrés de...................
Maison VII (descendant) à........ degrés de...................
Maison VIII   à........ degrés de...................
Maison IX   à........ degrés de...................
Maison X (milieu-du-ciel) à........ degrés de...................
Maison XI   à........ degrés de...................
Maison XII   à........ degrés de...................

Sa dominante

....
....
....

Ceux avec lesquels sa dominante s'accorde
facilement :

....
....
....
....
....
....
....

Ceux avec lesquels la diplomatie s'impose :

....
....
....
....
....
....
....

LA SECONDE PERSONNE DE VOTRE CHOIX
Sa personnalité détaillée,
Sa dominante,
Ses références intimes.

Inscrivez bien les degrés des planètes et ceux des Maisons dans chaque signe.

Les planètes

Le Soleil	est à.......... degrés	du signe de....................
La Lune	est à.......... degrés	du signe de....................
Mercure	est à.......... degrés	du signe de....................
Vénus	est à.......... degrés	du signe de....................
Mars	est à.......... degrés	du signe de....................
Jupiter	est à.......... degrés	du signe de....................
Saturne	est à.......... degrés	du signe de....................
Uranus	est à.......... degrés	du signe de....................
Neptune	cst à.......... degrés	du signe de....................
Pluton	est à.......... degrés	du signe de....................

Les Maisons

Maison I (ascendant)	à........ degrés de....................
Maison II	à........ degrés de....................
Maison III	à........ degrés de....................
Maison IV (fond-du-ciel)	à........ degrés de....................
Maison V	à........ degrés de....................
Maison VI	à........ degrés de....................
Maison VII (descendant)	à........ degrés de....................
Maison VIII	à........ degrés de....................
Maison IX	à........ degrés de....................
Maison X (milieu-du-ciel)	à........ degrés de....................
Maison XI	à........ degrés de....................
Maison XII	à........ degrés de....................

Sa dominante

....
....
....

Ceux avec lesquels sa dominante s'accorde
facilement :

....
....
....
....
....
....
....

Ceux avec lesquels la diplomatie s'impose :

....
....
....
....
....
....
....

Imprimerie Hérissey Évreux (Eure)